中国人民大学国学院国学与管理丛书

总主编◎黄朴民 杨先举

孔子学与管理

【杨先举◎著】

东北财经大学出版社
Dongbei University of Finance & Economics Press
大连

图书在版编目（CIP）数据

向"四子"学管理／杨先举著．—大连：东北财经大学出版社，2011.1

（中国人民大学国学院国学与管理丛书）

ISBN 978－7－5654－0150－3

Ⅰ．向… Ⅱ．杨… Ⅲ．先秦哲学－哲学思想－应用－管理学－研究 Ⅳ．C93－092

中国版本图书馆 CIP 数据核字（2010）第 204882 号

东北财经大学出版社出版

（大连市黑石礁尖山街 217 号　邮政编码　116025）

教学支持：（0411）84710309

营 销 部：（0411）84710711

总 编 室：（0411）84710523

网　　址：http://www.dufep.cn

读者信箱：dufep@dufe.edu.cn

大连图腾彩色印刷有限公司印刷　　东北财经大学出版社发行

幅面尺寸：170mm×240mm　字数：182 千字　印张：12 1/2　插页：1

2011 年 1 月第 1 版　　2011 年 1 月第 1 次印刷

责任编辑：孙　平　赵晓冬　　责任校对：赵　楠　孙　萍

封面设计：赵　聪　　版式设计：钟福建

ISBN 978－7－5654－0150－3

定价：28.00 元

目 录

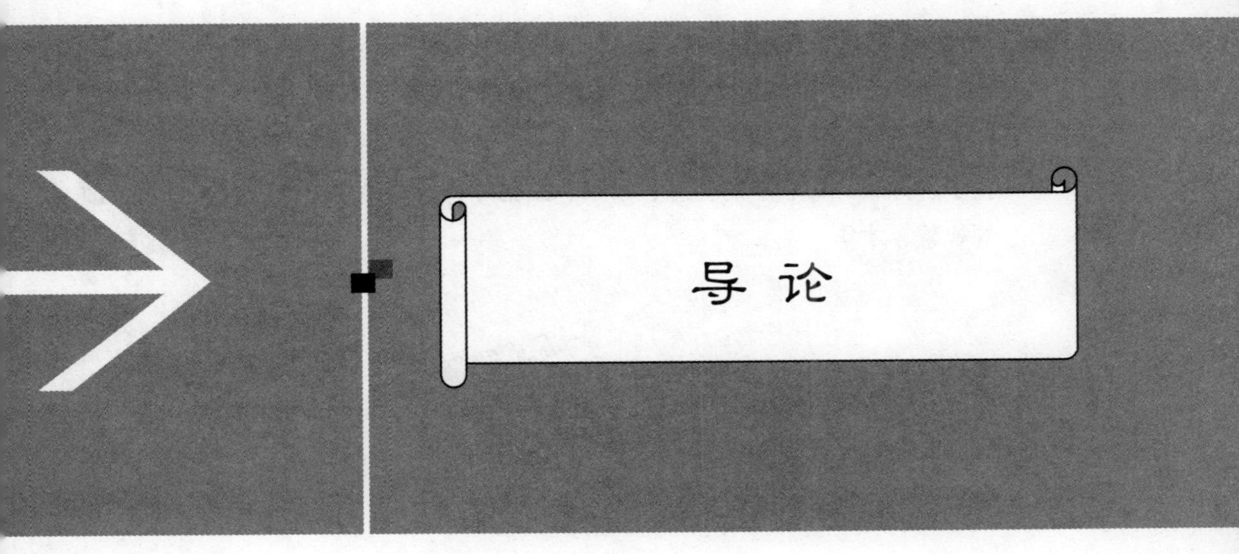

导论

一 关于学“四子”

所谓“四子”，是指道学宗师老子李聃，儒学宗师孔子孔丘，兵学宗师孙子孙武，法家代表人物韩非子韩非。所谓“学‘四子’”，是说学习老子、孔子、孙子、韩非子的智慧、才华、品德等，特别是学习他们有关管理方面的智慧、才华。

二 关于“优秀传统文化”

著名学者成中英教授在讨论关于中西方文化融合问题时提出了一个“C理论”，该理论所讨论的是关于管理方面如何使我们“中国管理理论科学化，科学管理理论中国化”。成教授认为要做到这一点，就应该把中国的优秀传统文化汲取、吸收、融合、渗透到管理功能、管理体系中来。关于中国优秀传统文化，他列举了七家思想：易学、儒学、道学、兵家、墨家、法家、禅家。

我们华夏中国，历史上有文字记载的历史已经有5 000多年了。何以这么长寿？因为有祖国传统优秀文化在起作用，其中尤以“四子”思想为要，她犹如一个传家之宝，代代薪火相传，永不泯灭。

祖国优秀传统文化是一个含义十分广泛的词，包括哲人哲言、名人名言、经典文籍、史集文献、诗词律赋、明君治国经验、良相安邦艺术等。在这本书里所说的优秀传统文化主要是指“四子”的典籍、哲言、名言。

祖国优秀传统文化意义非凡：是山，一座内有富足矿藏的山；是水，一泓流淌着祖国优秀文化甜甜的水。

祖国优秀传统文化有四个特点：第一，她因传承而存在。她有很强的生命力，我国人民又具有学习传统优秀文化的美好品德，如此，她就一代一代被传承下来了。第二，她是流淌的，“逝者如斯夫”，昨流到今，今流到明，刀割水不断，奔腾不息，流向辉煌。第三，她是内在的，存在于我们国家之中，水浸不烂，火烧不灭。第四，她有独特的品德，她姓中国，名华夏，有她自己的人文精神特点，他国劫掠不走。

国家需要发展，我们必须团结、动员、汲纳、利用各方面力量为之服务：今人、古人、本国人、外国人。优秀传统文化是镇国之宝，也必须团结、动员、汲纳、利用之。

三 管理的本土化与学西方

祖国优秀传统文化在传承中，经历过两次烈火锤炼。

一次发生在晚清时期，那时我国较之西方某些国家，如英、法等国，国力落后，经济落后，科学落后，管理落后。这些国家乘势侵略、欺侮我们。有人在追究我国何以至此的缘由时，就把矛头指向我国优秀传统文化了，说是因为文化问题导致我国落后的，为此说要打倒孔家店等。

一次发生在“文化大革命”时期，在“左”的思想影响下，我国优秀传统文化遭受到了空前的不实之词的玷污，说什么她是“封资修”、“粪土”、“陈谷”等，必须统统打倒。

二次挫折，二次锤炼，由于我国优秀传统文化有强大的生命力，最后都遇难呈祥，化险为夷地挺过去了，并依然生机盎然地屹立着、前进着。

但是，应该承认，新中国成立初期，我国国力，比如经济力、科学力、管理力等确实落后于西方某些国家。因此，在我国改革开放初期大力提倡学西方是完全必要的、正确的，收到了很好的学习效果。

我们说，30 年以前我们不学习西方是愚昧，是无知。30 年之后呢？今天，我们国家旧貌变新颜，再一味说学西方就显得无志了，无能了。我们必须拿出祖国的镇国之宝、精神支柱来，让优秀传统文化在建设祖国中发威发力，走本土化管理发展之路。

学习优秀传统文化，要注意两点：一是注意古为今用，结合现实学，不能泥古不化，文明是适时而长的，注意与时俱进。二是注意吸收“洋”的有益内容，不能搞封闭式建设，闭关锁国是愚昧，但不能迷洋，照搬照抄死路一条，“橘生淮北则为枳”，经过咀嚼，唾液、肠胃消化学。

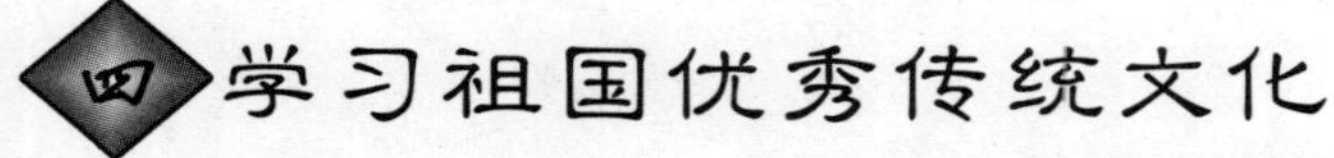

四 学习祖国优秀传统文化

毛泽东说：“我们要向先进的国家和民族学习，学习对本民族有用的东西，但不是所有的方面都要学别的民族，而要保持本民族的特点。”（毛泽东关于西藏问题的谈话，1955 年 3 月 8 日）他还说：“今天的中国是历史的中国的一个发展；我们是马克思主义的历史主义者，我们不应当割断历史。从孔夫子到孙中山我们应当给以总结，继承这一份珍贵的遗产。”（毛泽东著:《毛泽东选集》（1 卷），北京，人民出版社，1991）他主张“批判地吸收其中有益的东西”。

现任国家领导人胡锦涛也说：“中华文明是世界古代文明中始终没有中断、连续 5 000 多年发展至今的文明。中华民族在漫长历史中形成的独具特色的文化传统，深深影响了古代中国，也深深影响着当代中国。现代中国强调的是以人为本、与时俱进、社会和谐、和平发展，既有着中华文明的深厚根基，又体现了时代发展的进步精神。”（胡锦涛《在美国耶鲁大学的讲话》，见《十六大以来重要文献选编（下）》，第 428 页）

温家宝总理，善于运用优秀传统文化的某些内容来治理我们国家。他在 2004 年全国人代会上总结一年的工作经验时说“安不忘危，治不忘乱”，此语出自《周易·系辞下》。他在 2006 年一次记者招待会上说“思所以危则安，思所以乱则治，思所以亡则存”，此语出自《新唐书·魏征传》。

西方政要有时也大“秀”我国的优秀传统文化，所“秀”的内容多半也是老子、孔子、孟子、《周易》等哲人哲书中所讲的话。例如，1987 年，当时的美国总统里根，在他所作的国情咨文中就引用了老子的话：“治大国若烹小鲜。”1998 年克林顿访华时，就引用了孟子的话“一乡之善士斯友一乡之善士，天下之善士斯友天下之善士”，表示要与我国友好。

五 关于本书

有人说，学老子，学哲理，因为《老子》讲哲理；学孔子，学伦理，因为孔子讲伦理；学孙子，学谋略，因为孙子讲谋略；学韩非子，学其法的思想，因为韩非子讲法。

此说基本正确，本书基本按照这样的说法来写，但又不拘泥于此。

向老子学管理

老子其人其书

老子其人。 老子，姓李名耳，字伯阳，谥聃，也称老聃，约生于公元前580年，约死于公元前500年。道家、道学的宗师。

老子其书。 老子有著作《老子》。《老子》原始的有两个版本：通行本与古本。

通行本主要是以魏晋时期王弼注释作底本的版本，共八十一章，分前后两个部分，三十七章前的内容称之为“道经”；三十八章到八十一章内容称之为“德经”。两部分内容合起来称《道德经》。

古本，“德经”在前，“道经”在后，俗称《德道经》。古本《德道经》是在1973年在湖南长沙马王堆汉王墓里出土的帛书本的《老子》，以及1993年在湖北荆门郭店出土的竹简本《老子》（内有《老子》部分章的内容，约两千字）组合而统称的。这帛书本、竹简本是流传于战国、汉代初年的版本。

古本的《老子》与通行本的《老子》是有区别的。有的地方区别还较大，比如，在竹简本的《老子》中，有这样一句话：“绝伪虑弃，民复孝慈”，通行本上却则这样说：“绝仁弃义，民复孝慈”。按通行本这个说法，老子是反对仁义的。按竹简本的说法，却不是这样的了，是说，孝慈这个东西是不能做作的，抛弃虚伪考虑，只有这样才是真正的孝慈。是这样的话，那么老子并没有反对仁义，这样就与史书所记载的孔子问礼于老子的故事相吻合。

老子的深远影响。 有人说，中国优秀传统文化是棵参天大树，根深叶茂，树干树枝树叶密布，其中最为主要的是两个树干，道学是一干，儒学是又一干。

《老子》骇世之作，影响了我国多个学派的思想，如儒学，在《论语·泰伯》有这样的话：“有若无，实若虚”，这“有”、“无”、“实”、“虚”等词显然取自《老子》的话。又如佛学，佛学有“空”的一说，这个

"空"就脱胎于《老子》所说的"无"。

《老子》影响了中国历代人，进步人，保守人，与老子观点趋同的人，趋不同的人。《老子》也被传到国外去，很多人喜欢它。

西方很多著名哲人，如德国的黑格尔、英国的罗素、法国的尼采等人都研究过《老子》。尼采还这样说："（《老子》）像一个永不枯竭的井泉，满载宝藏，放下汲桶，唾手可得。"

本书所引用的老子的话，主要是引用通行本上老子的话。

一 "反者'道'之动"与矛盾问题

《老子》通书讲矛盾，即对立统一问题，讲了几十对矛盾。如：道与名，一与万，变与常，无与有，虚与实，阴与阳，柔与刚，弱与强，反与正，静与动，退与进，复与往，终与始，失与得，虚与盈，易与难，短与长，小与大，下与高，少与多，后与前，开与合，敝与新，洼与盈，行与随，嘘与吸，载与隳（huī 毁坏），歙（xī 吸气）与张，废与兴，昧与明，损与益，祸与福，恶与善，取与予，害与利，牝与牡，雌与雄，正与奇，白与黑，荣与辱，曲与直，巧与拙，辩与讷，为与不为，争与不争，常道与非常道等。

《老子》第四十章说：**"反者'道'之动。"**就是一句关于讲矛盾方面问题的话。"反者'道'之动"的"反"，作"反正"的"反"讲，作

"相反相成"的"反"讲，作"物极必反"的"反"讲，作反（返）朴归真的"反"讲。这些讲的都是对立统一问题，即矛盾问题。

关于矛盾，毛泽东说："事物的矛盾法则，即对立统一的法则，是唯物辩证法的最根本法则。"（毛泽东著：《毛泽东选集》（1卷），北京，人民出版社，1991）他还说："不论是简单的运动形式，或复杂的运动形式，不论是客观现象，或思想现象，矛盾是普遍存在着。"（毛泽东著：《毛泽东选集》（1卷），北京，人民出版社，1991）又说："矛盾存在于一切客观事物和主观思维的过程中，矛盾贯穿于一切过程的始终。"（毛泽东著：《毛泽东选集》（1卷），北京，人民出版社，1991）

矛盾普遍性，也反映在管理领域中，如有关生产力方面的矛盾，有关生产关系方面的矛盾，有关上层建筑方面的矛盾，以及它们之间相互交叉的矛盾。管理问题都是由矛盾引起的，解决其问题也需要通过解决矛盾问题予以化解。

管理中出现了有关生产力、生产关系、上层建筑及其相互交叉的种种矛盾，就很需要据老子所言的那样去"反者'道'之动"一番，去"有无相生，难易相成"一番，"长短相形，高下相盈"一番，"声音相和，前后相随"一番（以上的话均见《老子·第二章》），以求对问题的解决。

例如，假如你是一家企业设计人员，眼前亟需要你搞个发明创造，诸如周瑜要诸葛亮在几天内造出十万支箭那样的难题，在你正思维造不得箭的情况下，就不妨"反者'道'之动"一番，类似地利用大雾向曹军借箭的办法予以解决。反思维地想问题，也许会给你一个豁然开朗的创造结果来。

再如，假如你是企业的营销人员，要你与某个企业作一个同质商品的竞销。那么，你就必须将对家的商品与我家的商品，按照老子所讲的那样"长短相形，高下相盈"一番，然后采取相应对策争而胜之。

要十分肯定"反者'道'之动"中"反"的价值。她是进入创造学大门的一张帖子。在你为实施某创造时，在碰到疑团重重时，此刻你在思索中，千万别在一棵树上吊死了，在一条路上走绝了，在一根筋上让思想别死了。"反者'道'之动"，跳出原来的思维框框，反着常规想，逆着正向思维想，此刻你就会冒智慧火花，出现"山重水复疑无路，柳暗花明又一村"的境界来。

二 “非常‘道’”与真理求索

《老子》第一章，首语说了一句十分有名的话：“道可道，非常‘道’；名可名，非常‘名’”。此语该作如何解释呢？是说，“道”这个东西，如果是可以被表述清楚的，那就不是常恒意义上的“道”；同理，可以去解释“名可名，非常‘名’”句的含义。此语后面还有这样的话：“‘无’，名天地之始；‘有’，名万物之母。故常‘无’，欲以观其妙；常‘有’，欲以观其徼（底细）。此两者，同出而异名，同谓之玄（悠远深邃）。玄之又玄，众妙（微妙）之门（总门）。”

关于“道”，我们首先要辨析清楚它的物质性问题。有人说，老子所说的“道”，是唯心的。我认为，此话不对。老子在他的著作第二十五章说：“独立而不改，周行而不殆”，是说“道”这个东西是不依赖外力而存在，且永远运动着。第二十一章更鲜明地指出，“道”，“其中有象”，“其中有物”，“其中有精”，“其中有信”的。这“象”等云云，说的难道不是物吗？这不是唯物的观点吗？

下面让我继续就“道可道”、“名可名”句作分析。这句话中的“道”、“名”作何解释呢？在老子的心目中，“道”主要有三义，一作人类生活准则讲，如三十章中“是谓不道”句；二作事物运动规律讲，如九章中“功遂身退，天之道也”句；三作构成事物的本原讲。上述三种解释中以第三种为主要解释。本段话“道可道”句中所说的第一个“道”字，就是作上述第三种解释讲。关于这个“名”，实际说的也是“道”，或者说指天地万物。“道”，是天地万物事物的本原，它凌驾于万物之上，又着落于万物之中，是天地之始，是万物之母，一切被它包容，一切被它归纳。

《老子》的话，为我们思考问题提供了哲学思路。它启示着我们怎样去探究管理事物的源与本。举个例说，我们说“管理”这个词，何谓“管理”？定义不计其数，马克思对其定义“道”过它，德鲁克也“道”过它，法约尔也“道”过它，谁最正确？每人说的都有一定道理，但却又不是常恒意义的“道”。

再举个例，管理学中有“企业文化”这个词，什么是“企业文化”呢？借用老子的话说，对“企业文化”这个“道”就很不可“道”的了。假如真的被你“道”了一下，你的“道”也只是其中一个“道”而已，不是绝端正确的。据说，关于“企业文化”这个词，在当今社会中其“道”就有上百种之多。我写过一本书，叫《企业文化新绿》，在这本书里我就给“企业文化”“道”了一次，说“企业文化”是企业在自然求索、社会交往中所持的“价值观”。我对它的“道”，及其他人对它的“道”，都只是“非常‘道’”中的一个“道”而已，决不是常恒意义的。常恒意义的“道”有没有呢？理论上说应该“有”，从实际说却是“无”。或者这么说，它促使我们去“道”，去追求，去研究，逼近其真理地去“道”，去追求，去研究，向“非常‘道’”方向去道，去追求，去研究，以此去“观其妙”，“观其徼”，实现“众妙之门”。

世界上绝对真理是没有的，但可求索，相对真理是有的。但我们可以去探究事物的绝对真理。老子上述的话可贵，就在于它揭示了上述的理。它敦促我们去研究绝对真理，无限地去研究真理，使之完善更完善，真理更真理，比如无限地去研究“管理”的定义，去研究“企业文化”的定义。

三 “无极”与“一”

《老子·二十八章》说：“复归于无极。”《庄子·在宥》说：“入无穷之门，以游无极之野。”“无极”等同于儒学《易》所说的“太极”。《易·系辞传》说：“易有太极，是生两仪，两仪又生四象，四象生八卦。”古儒人称“太极”为“无极”，如宋大儒周敦颐在《太极图·易说》就这样说过。这就是说，“无极”、“太极”相通。“太极”也被称之为“太一”、“泰一”、“大一”的。《老子》一书中讲了好多的“一”，其中包括“太一”、“泰一”、“大一”中的“一”。

关于“一”，《老子》一书中有十五处讲到了“一”。或用作数词讲，如说“我有三宝……一曰慈”（第六十七章）；或用作名词讲，作“道”讲，如：“载营魄抱一”（第十章，这里的“一”，可以理解为“道”）；或作“独”讲，“独一无二”的“一”；或作“专”讲，“专一”的“一”；或作“同”讲，“同一”的“一”；或作“始”讲，万物从“一”始。还有如上所说的那样，把“一”理解为“无极”、“太极”、“太一”、“泰一”、“大一”等。

《太极》就是“一”。“一（太极）”生了“两”（“两仪”的“两”），生了“四”（“四象”的“四”），生了“八”（“八卦”的“八”），又生了六十四卦，这些都是儒学说法。道学《老子》第四十二章这么说：“‘道’生一，一生二，二生三，三生万物。”此话是说，“道”生化出来了“一”，混一的“一”，分裂出对立的两个部分的“二”，两个部分的“二”产生新的一个“三”。“三”呢！它生生不息地繁衍万物。

“无极”、“太极”是圆，我们希望我们国家圆，全国56个民族圆，团团圆圆。

“无极”、“太极”是个一，统一的“一”，和合的“一”，完整的“一”，不分裂的“一”。《孟子·梁惠王上》说：“天下恶乎定，吾对曰：‘定于一’。”“定于一”就是统一。有“一”才有力量，才有强大，才不被他人欺，我们需要全国人民“定于一”。

讲“一”，就要讲团结，全国人民大团结，56个民族大团结。团结起来建设祖国。国家再大，民心不齐，不成为大；国家人多，民心不一，不成为其强。团结使我们国家强上再加强。

讲“一”就要讲和谐。人心和谐，天地和谐。人心和谐尤为重要，人心齐，泰山移，国家才能建设好，与天与地的关系也才有可能获和谐。

讲“一”，就国家言，就是对政治、经济、文化、科技等方面作“一”的管理。“一盘棋”，“一出戏”。不能只管一不管二，只管大不管小，只管上不管下，只管物不管人，只管前不管后，只管今不管明，要统一的管，全面的管，系统的管。

庄子说：“万物一也。”企业也是一个“一”。它个体是独立的，有它的生息系统，有人财物，产供销，有劳动、人事、分配问题，有上层领导、中层管理、下层操作问题，有领导、员工问题等。企业中的人财物等，是企业这个“一”的元素、成分。这些元素、成分都在“一”的总体把握下凝聚、发挥作用。这些元素、成分，有时会有矛盾，这就要求我们善加分析，化解矛盾，在“一盘棋”、“一出戏”的思想指导下，调整好将士象车马炮卒的关系，生旦净末丑的关系，把企业工作做好。

四 “负阴抱阳”与“二”

《老子》第四十二章说“‘道’生一，一生二，二生三，三生万物。”关于这句话，上题已解释过了，略。老子在讲了上面的话后，接着说：“万物负阴而抱阳，冲气以为和。”这该作怎样的解释呢？是说，万物是背着阴向着阳的，这阴阳两气互相激荡地形成一个新的和谐物体来。

关于“阴阳”。阴，背光谓之；阳，顺光谓之。按儒学说法，它是由“一（太极）”演化而来的。按道学说法，是“道”生一，进而生化出二来的。阴是一端，阳是一端，互相对立统一着。世界万事万物莫不被阴阳关系包容着，如男为阳，女为阴。如老子言“万物负阴而抱阳”，是阴阳二气冲化出新的物体来的。

关于“二”。上面引用了《老子》第四十二章的话。对这话，《淮南子·天文训》解释说：“一而不生，故分为阴阳，阴阳合和万物生。故曰一生二，二生三，三生万物。”据这解释，“一”分化成“阴”与“阳”。据这解释，朱熹又把它表述为“一分两”。朱熹这么说：“每个便生两个。就一个阳上，又生一个阳，一个阴。就一个阴上，又生一个阴，一个阳。”（《朱子语类》卷六十五）

关于“二”，我们需要说些话。

1. “一生二”，“二”是“一”生化出来的。哲学上有“一分为二”的命题，其缘由就出此。它说明这样一个道理，一切事物都是“一分为二”的。为此，我们看事物、看问题都不能把它们看死了，看绝对了，要一分为二地看。

2. “一生二”，说明事物是变的，“负阴抱阳”地变，往“二”、“三”、“万物”方向变。事物的变是绝对的，我们要时时刻刻关注变，主动地迎接变，做到你变我变，情况变我变。

3. “二”是个和合的数，成双成对。为此，要注意人与人间、事与事间、物与物间的和谐性，如夫妻和，父子和，祖孙和，师生和，同事和，朋友和等。总之，让人际、事物间和和满满、和和美美、和和睦睦。

4. “二”是和美的数，但“二”中必然会有矛盾。人世间属于“二”方面的矛盾的多的是，如天际人际会有矛盾，仁政治理与法政治理会有矛盾，道德追求与利润追求会有矛盾，社会利益与个人利益会有矛盾，计划与市场会有矛盾，一、二、三产业间会有矛盾等等，必须妥善处理、解决。

5. 对属于矛盾性质的“二”，在处理中会出现悖论现象。在矛盾处理中，这样处理了，甲有意见，那样处理了，乙有意见。两种处理两种效果，两难境地，两律背反。怎么办？想一个两全其美的办法办，想一个使损失尽量减小的办法办。

6. 对有矛盾的“二”，有时可采用“中庸”的办法予以解决。我们说的“中庸”，不是指“折衷主义”，而是讲“中和”，“平衡”，“对称”，“和谐”，反对“过”或“不及”。关于“过”与“不及”，按毛泽东说法：

"'过'的即是'左'的东西，'不及'的即是'右'的东西。"（《毛泽东书信选集》，147页，北京，人民出版社，1983）

五 "天之道"之"天"

《老子》一书十余次讲到"天"。假如把"天"与"地"下连缀，成"天地"，把"天"与"下"下连缀，成"天下"则更多。那么，涉及"天"字的词多达七十个以上。

老子很崇敬"天"，常常借"天"之口，来发表他的见解，如说："天之道，损有余而补不足"（七十七章），"天之道，不争而善胜"（七十三章），"天之道，利而不害"（八十一章）等。

关于"天之道"之"天"，我讲四点看法。

1. 天是神奇的。天有阴晴雨雪之变，有春夏秋冬之常。由此，在古代，在科学不发达的那时，人们解释不了天象、天候等情况。于是，"天"被迷信化了，神明化了，被视为至高无上的"天帝"。是这个神在赏善罚恶，出现了什么"天意难违"的迷信，什么"天雷轰顶"的迷信等。老子的可贵就在于他对"天"不迷信。在他的著作中，不见"天命"那样的词，却有把"天"比喻成风箱那样的话："天地之间，其犹橐（tuó 口袋）龠（yuè 古乐器名）乎？"（五章）

老子不神明化待"天"，它启示着我们不要搞迷信，什么算命、卜卦、看相、拆字、占星、跳神等，统统是迷信不可信。

2. 老子是离异于“人”来说“天”的，是天人相分地来说“天”的。老子不把“天”人格化为人，为神。老子有句名言：“故道大，天大，地大，人亦大。域中有四大，而人居其一焉”（二十五章），在这里“天”、“人”都是各自独立的。在七十七章还说：“天之道，损有余而补不足。人之道，则不然，损不足以奉有余。”是说天有天的运动规律，人有人的运动规律，不要互相错位。

老子上述认识告诉我们，天人是相分的，天有天的运行之道，人有人的运行之道。尽管天是一个自变数，在闹天灾的情况下，对人有杀伤力。但人不能完全地受制于天，可以与之争，天人和谐地争，防患于未然地争，如预报气象，预报地震，发展低碳经济等，即使灾祸来了，人也是可以设法努力地使灾祸所造成的损失降低到最低点。

3. “天”是自然的。人生存在“天”之下。关于这，老子就说：“域中有四大。”（二十五章）就是说，“天”是“域”中的一个“大”。古时有这样的话：“天圆地方”，这说法并不科学，因为“天”并不圆，“地”并不方。但有一点说对了，“天”是客观的，是自然的，是自在的。天与地，是我们赖以生存的栖息之地。为此，我们要感谢天，是天赐给我们阳光雨露，要感谢地，是地赐给我们秀丽山水。有鉴于此，我们要爱护“天”，爱护“地”，与“天”、“地”和谐相处。

4. 是“道”控制“天”。老子说：“人法地，地法天，天法道，道法自然。”（二十五章）这话说明是“道”控制“天”，而不是“天”控制“道”。

“天法道，道法自然”，那么，就让我们做事，一切按照自然规则去办，按照自然、社会规律去办。

六 "域中有四大，而人居其一焉"

本题标题的话是老子说的。全话这么说："故道大，天大，地大，人亦大。域中有四大，人居其一焉。"（二十五章）本题借老子的这句话说说关于"人"方面的事。

人重要，有人才有人的社会。人没有了，人的社会就没有了。什么天啊，地啊，另当别论。所以，老子说："域中有四大，人居其一。"又说："故道大，天大，地大，人亦大。"请注意，此话中那个"亦"字。这个"亦"字加权了"人"的分量。于是天、地、人成了"三才"，天、地、人呈三足鼎立之势。

人是万物之灵。任何生命体、无生命体，有机物、无机物，统统地归人管辖着，使唤着，支配着。人所以有那么大的力量，敢与天、地并驾而行，就是因为人有大脑，有双手。有大脑，因此人有聪明，有智慧，敢于与天、地抗衡，敢于支配世上万事万物。有双手，因此人能做并做成很多很多事。

《老子》一书强调"人"，无数次使用了"人"或类似"人"那样的词，比如"民"，如"民自化"（五十七章）等。《老子》一书对"人"的问题作了淋漓尽致的议论。

关于"人"的问题，道家们重视议论人，其他各学派的人也重视议论人，如儒学。《孟子·尽心下》说："民为大，社稷次之，君为轻。"《孟子·公孙丑下》又说："天时不如地利，地利不如人和。"兵家孙膑说："间于天地之间，莫贵于人。"（《孙膑兵法·月战》）

古人重视人，今人也重视人。如今有人说，人民，只有人民，才是创造历史的动力。我们国家领导人毛泽东说："全心全意为人民服务。"（毛泽东《论联合政府》）胡锦涛说："我们党来自于人民，根植于人民，服务于人民。"（《十六大以来重大文献选编（上）》）我们国家领导人就本着上述思想把我们国家管理得很好。

现在我们说企业管理。企业也是“域”，在这个“域”中，也必须重视人的问题，强调“以人为本”作管理，“以人为中心”作管理。举二位名人的话来说明问题。一位是管理学家，美国人德鲁克说的：“人是我们最大的资产。”一位是著名企业家，前日本丰田汽车公司经理石田退三说的：“事业在于人，任何工厂，任何事业，要想大发展，最要紧的一条就是造就人才。”

企业是有人、财、物等要素组合起来的。企业的主要工作有三：产、供、销。企业的管理内容，或说是管理职能，不外乎是计划、组织、控制、协调、监督、指挥、领导、教育、获取信息等。所有这些要素、工作、职能等最为关键是要做好“人”这个要素的工作。除“人”外其他要素，所有管理工作，所有管理职能工作等，都是由“人”去做的。

我们设想，假如“人”的要素有问题，比如“德”的素质不高，“才”的素质不高，人的行为不端，或积极性不高，就必然会影响企业的其他各方面工作质量。假如经过工作，“人”的素质提高了，其聪明才智被调动起来了，人巧事巧，人智物智，事遂人愿，物遂人意。

为此，我们必须做好企业关于人方面的工作。

七 “无为而治”

《老子》一书中十次以上使用了“无为”这个词。主要有，在第三章上说“为无为，则无不治”；第三十六章上说“为无为”等。

关于“无为”，请千万不要以为老子是不主张作为的。假如你这样理解了，那你就大错特错了。不，老子是主张有为的。上述《老子·第三章》说得清楚，“为无为，则无不治”。这句话中所说的“为”指目的，所说的“无为”指手段。此话是说，你真的做到了无为，那么你的无为就可以做到无不治的效果。此外，在第六十四章上老子又说“圣人无为，故无败”，你无为了，你就可以取得“故无败”的业绩。还有，第四十八章说，“无为而无不为”，无为了，你就“无不为”。还有，第五十七章说“我无为而民自化”，无为了，“民自化”。还有，第四十三章说“知无为之有益”，无为了，就可以做到“之有益”。所有这些都说明这样一个鲜明道理，“无为”决不是一无作为的“无为”。

由上述讨论，我们可以得出这样一个见解，老子的“无为而治”，实际却是“有为而治”，是治的一种最高境界，是治的一种巅峰艺术。

现在让我们联系管理实际来讨论“无为而治”问题。现实生活中有这样的领导，事事有为，事必躬亲，既抓眉毛，也抓胡子，把自己陷入日常事务之中，不得自拔。但也有这样领导，领导时注意“无为”，“君道无为，臣道有为”，当领导的把不少的权分割给下属，无为些；“君抓大事，臣抓小事”，领导人要抓大事，把小事放手地让管理层、操作层的人去干。

“无为”了，就能大治。春秋时期有个楚庄王，他在位三年，既不发令，也不施政，“无为”着，静观形势，细想问题。半年后，他“无为”转化为“有为”了，下令做了很多“有”的事，成为“一鸣惊人”的人。再说一位，三国时期诸葛亮，在他27岁前，他静卧卧龙，“无为”着，他看天下，想问题，做着“春”的梦。27岁时，应刘备三顾茅庐之请，出山了，“大梦先觉”，卧龙升天了，为刘备建功立业做出了巨大成绩，一飞冲天。

“治大国若烹小鲜”

《老子·六十章》说：“治大国若烹小鲜。”这是一句名句。很多外国政要也信奉这个思想。1987 年，当时的美国总统里根在他所做的国情咨文中就引用了这句话，引发了美国民众对《老子》一书的浓厚兴趣。

老子这话，原来是这样说的：“治大国，若烹小鲜。以道莅天下，其鬼不神；非其鬼不神，其神不伤人；非其神不伤人，圣人亦不伤人。夫两不相伤，故德交归焉。”语意是，治国要如烹小鱼那样。“道”莅临了天下了，鬼神失去了神威，神明不再显灵，圣人也不超越人了。这种两不相伤的情况，是因为“德”交归给了人民的缘故。老子在这里宣传的还是“道”、“德”的价值与意义。

对“治大国若烹小鲜”句，韩非说：“烹小鲜而数挠之，则贼其泽；治大国而数变法，则民苦之。”（《韩非子·解老》）这话是说：烹小鱼累累翻炒它，会伤害鱼的色泽；治理大国累累变法，会使百姓遭苦。现代人蒋锡昌对这句话的意义解释得更明白：“夫烹小鱼者，不可扰，扰之则鱼碎，治大国者当无为，为之则民伤。故云，‘治大国若烹小鲜’。”

老子这段哲理名言，告诉我们了很多道理，比如关于辩证思想的道理，关于如何待人的道理，关于如何治政的道理等。

1. 关于辩证思想问题。在这段话中，我们可以体悟到，老子关于急缓关系问题的看法、关于动静关系问题的看法、关于无为与有为关系问题的看法、关于争与不争关系问题的看法等。总的说，老子的人生观是“烹小鲜”的人生观，主张施小火，主张清静，主张处下，主张无为，主张不争，主张无为。老子是一位心胸宽广、“致虚极，守静笃”（十六章）的人。

2. 关于待人。老子主张宽容，主张无为，不主张胡“烹”，不主张用“刑”、“罚”等办法处置人，用“德交归焉”（六十章）的办法待人。假如你是位“圣人”（老子语言，意思是领导人），老子主张要做开明的领导人，做体察民情的领导人，做“处下”的领导人，做无私的领导人。

3. 关于治政。老子主张不搞察察之政，不搞琐琐之事，就是不搞扰民之政，却主张如烹小鱼那样缓缓地施政，清静点，无为点，不争点。老子除讲了“治大国若烹小鲜”那样的话，说：“其政闷闷，其民淳淳；其政察察，其民缺缺。”（五十八章）老子认为，宽厚的政治使人民淳朴，政治苛刻了，严厉了，人民就会不满，就会狡诈。还说：“法令滋彰，盗贼多有。”（五十七章）老子认为，法令滋多彰显了，社会上盗贼就会多了起来。

我认为，在治理中，必要的“政”还是要的，必要的“法”还是要的，必要的“规章制度”还是要的，就是说必要的“烹”是要的，不能搞无政府主义。但不能猛了，火了，急了，“察察”了，“滋彰”了。

现在，在我们的企业中有这样的领导人，与人相处，不能“虚其心”，实行“察察”之政，实行“滋彰”的规章制度，事事过问，处处干预，关关设防，生怕下面人犯错，弄得员工没有工作积极性，甚至产生逆反心理。

“治大国若烹小鲜”，还要弄清这样一个道理。“烹小鲜”是用小火烹的，速度可能会慢些，但却是实实在在的，效果必然好。心急不能吃热粥，“欲速则不达”。饭要一口一口吃，一口吃不成胖子；路要一步一步走，一步跨不过黄河。毛衣是一针一针打出来的，汤药是一分钟一分钟地熬出来的，人生病打点滴，药水是一点一滴地进入人体内的。

让我们治国“烹小鲜”，搞管理“烹小鲜”，做工作“烹小鲜”。

 九 “百姓皆谓‘我自然’”

标题上的话是名句，是老子说的。这句话，美国学者哈林·克里夫在他的著作《未来的行政首脑》的中文本的扉页上被引用过。在引用中，他对此话作这样的翻译："好的领导者说话不多，当他的工作做好并完成任务时，所有的人便说：'这是我们自己干的'。"这个古译今基本正确。

标题上的话，出自《老子》第十七章。原话这么说："太上，不知有之；其次，亲而誉之；其次，畏之；其次，侮之。信而不足，有不信焉。悠兮其贵言。功成事遂，百姓皆谓：'我自然'。"此话是说，有四种领导：最好的，他在领导，他人却不知道他在领导；二等的，他在领导，他人感受到了并亲近他赞誉他；三等的，他在领导，他人害怕他；最差的，他在领导，他人却污蔑他。领导者诚信不足，才有人不信任领导。好的领导者办事总那么悠然，很少发号施令，却把事情办成功了，老百姓则说："我们本来就是这样干的。"

这段话有三个关键词：一是"太上，不知有之"；又一是"悠然贵其言"；再一是就是我标题上所引的句："百姓皆谓：'我自然'"。这三个关键词昭示我们：当领导的要当"不知有之"的领导，他"悠然贵其言"，不轻易发号施令，却把事情办了，结果事情办成了，老百姓则说"我自然"，认为这些事情本来我们就是这样干的。

请注意"我自然"与"道法自然"（二十五章）这两个词。这两个词都是老子说的，都用了"自然"这个词。两个词彼此是有关联的，因为太上"道法自然"了，所以百姓说"我自然"。关键的关键的是"太上"，作领导必须作"不知有之"的领导，"无为"，"道法自然"。"太上"，"无为"了，"道法自然"了，"悠然贵其言"了，让出权力给百姓，百姓就会感受到功成事遂我自然。

什么是"道法自然"呢？顺乎自然作管理，据自然法则、社会法则作管理，不搞强而为之。把有些权放下去，放给下属，放给群众，放给百姓。

拿企业管理说，企业领导人是掌管企业生死大权的，诸如决策权、领导权、指挥权等。但是，这些权并不是当领导的必须牢牢地控制在自己的手中才对，有些权是可以分割出去的，如把一部分决策权、领导权、指挥权等分割给属管理层的人，属操作层的人。这样做，你省心了，你全力地去想企业大事，而其他方面的事有下面的人去干，肯定比你一手操办强。

还有，管理还有横向问题，如管理有生产、供应、营销、人事、财务等职能部门。企业领导人就要充分地发挥这些职能部门的工作积极性，放手地让他们做好本职能范围内的工作。

企业果然能如此纵向放权、横向分权，让下面的人的积极性充分地调动起来，功必然成，事必然遂，企业员工怎么会不说“我自然”那样的话呢？

举例说明上述道理。美国有一家贝尔实验室，是世界上发明第一部电话机、第一部电传机、第一只太阳能电池、第一盘有声唱片等电器产品的研究机构。要问该实验室为什么能取得如此骄人成绩，该实验室的负责人陈煜耀博士指着他的办公室的墙上挂着的一张条幅说：“靠这个”。那条幅上写着四个字：“无为而治”。在这四个字的下面，陈博士还写了如此的英文注释：“最好的领导者是能帮助人，让人感到不需要他”，“领导人的责任要做到你在领导，又要做到别人并没有意识到你在领导”。

在“领导”，人们又不觉得你在“领导”，这是“无为”的最高领导境界，是巅峰的领导艺术。领导人要做到这点非常难。但我们的领导人必须努力去实践之，攀登之。

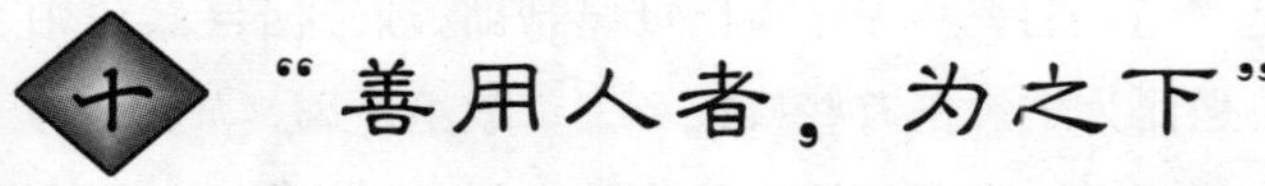

十 “善用人者，为之下”

管理学有领导的职能、组织的职能、用人的职能等。领导、组织等都是通过用人来进行的。用人问题是管理学核心议题。

用人大有学问，如何用好人，老子说：“善用人者，为之下。”（六十八章）对下属的人要谦逊，谦和。

老子这句话全文是这样的：“善用人者，为之下。是谓不争之德，是谓用人之力，是谓配天之极。”是说：善于用人的，待人是谦下的。这叫做不与人争的“德”，叫做利用他人之力的“力”，这叫做符合天道的行为。

美国人艾博奥特写了一本叫《二十二种新管理工具》的书。在该书序言中引用了老子上述的话：“善用人者，为之下。是谓不争之德，是谓用人之力。”他还对这话发表了这样的议论：“这几句话的提出至少已有两千年历史，它代表见识不凡的管理者长久以来都在努力，却仍未有人能够趋近这种‘道’的境界，从某种意义来看，管理的历史，也就是试图实践这项基本观念的历史。”

“善用人者，为之下”，说的是作为用人的领导者应有的道德品行问题，道德素养问题。这个问题十分重要。领导人谦逊了，谦和了，就会虚心地听取下属意见，与下属处好关系，就可以实行不争之胜。

“善用人者，为之下”，这是用人的首要问题。此外在用人中还有其他好多问题，据《老子》一书中他所讲的话，我们把它提炼一下，就可找出如下若干条条来，供我们借用、借鉴。

1. **“知人”。**知人才能用好人。在知人中，首先要知自己，知了自己才能知人。用老子的话说：“知人者智，自知者明。”（三十三章）“自知不自见（固执己见），自爱不自贵（倨傲自衿）。”（七十二章）并把自己放在下的位置上。

2. **用“道”的标准来度量人。**看这个人能否执行“为无为”（三章）原则，能否顺乎自然地去做好工作。

3. **“善救人”。**所谓“救人”就是帮助人。这话是老子在二十七章上说的：“善救人，故无弃人。”是说，人有缺点，你不要轻易地抛弃他，要“救”他，要帮他，帮助他改正错误，要发掘该人的闪光点。

4. **“善结”。**《老子·二十七章》说，“善结无绳约而不可解”，是说，善于捆绑他人的人，虽然他并没有用绳去捆绑人，但其捆绑的结实程度要远胜于用绳捆绑的。我们这里把“善结”的词套用过来，是想说，人要善于团结人，团结得如同虽没有用绳子去捆绑人却胜于用绳子捆绑人那样结实。

5. **行“不言教”。**《老子》第二章说，“处‘无为’之事，行‘不言’

之教”，这句话的后半句说的是关于育人问题。育人，把人培育成有德有才者。实行“不言教”的关键，自然是要看用人者的品德了。善处下的人，就会用他的言和行、德和才去影响人，感染人，教育人，从而达到育人的目的。当然，说实行“不言教”，不是说可以疏忽言教，不要言教。言教是传道的基本之术，永远值得提倡，不能丢弃。

十一 “知人者智，自知者明”

《老子·三十三章》说：“知人者智，自知者明。胜人者有力，自胜者强。”语意是，认识别人叫做智，认识自己才算聪明。战胜别人叫有力，战胜自己才算刚强。

关于上述的话，使我联想到了韩非子的话：“知之难，不在见人，在自见。”（《韩非子·喻老》）韩非子的话，是他为喻老而说的，韩非子认同了老子的观点。还使我联想到了孙子的话：“知彼知己，百战不殆。”（《孙子兵法·谋攻》）孙子说得对，知了己又知了人，使自己强，这样才能战胜他人。

老子上述这句话说了四个问题：识人，识己，战胜他人，战胜自己。如何做到这四点呢？就是要做到“认知”、“比较”、“分析研究”。

“认知”有三个阶段组成：直观的认知，比较的认知，理性的认知。

1. 直观的认知。直观的认知，是事物外表之光投射出来被认知的认知。这种认知虽是粗浅的，表象的，但却是重要的，是认知的一个基础阶段。

2. 比较的认知。把既得的直观认知作比较。比如比较自己与他人的长短、高下、强弱、优点缺点等，用《老子·二章》上“长短相形，高下相盈”的话作比较以认知。

应该指出，老子讲的“知人者智”很对，知人是不容易的，所谓知人知面难知心，为此要多观察，细细地看，多获得直观的知。

还应该指出，老子讲的“自知者明”的话也很对。自知也不容易，实体的知容易了解，比如我身高几何，体重几何，能负荷几何等。虚体的知就很不好了解了，比如你有多少优点，有多少缺点等。特别是作比较状态的知更难了解。你自认为很高，但与他人一比较，天外还有天，你就不高了；你自认为有某某优点，但与他人一比，却不全是这样了。还有这种情况，因为你看问题时有时会戴上有色眼镜，这样就会误把主观当客观；又可能因为你知识不足，这样就会误把谬误当正确；又可能因为你自大了，这样就会误把他人的优点当缺点；又可能你自卑了，这样就会误把自己的优点当缺点；也可能你私心太重，比如你不敢亮私、亮丑，致使你不能正确认识自己，认识他人，如此等等。

3. 理性的认知。真正的知是通过“长短相形，高下相盈”获得的，但这还不够，在比较中，还必须掺入研究分析才对，使“视之目”转化为“观之目”，理性地看问题，不搞粗略，不闹虚火，不抱成见，不带主观，虚心谦逊，真实仔细，一是一、二是二，然后得出客观公正的理性认识。这种认识最可贵，最有价值。

老子还讲过这样的话：“知不知，尚矣；不知知，病矣。”（七十一章）此话是说，知道自己有所不知是高明；不知道自己的不知，却强以为自己知，这是病，是笨。此话告诫我们做人务必虚心，以求得真正的“自见之谓明”。

有一作家说：“一个人面对外面世界时，需要的是窗子；面对自我时，需要的是镜子。通过窗子，才能看见世界的明亮；通过镜子，才能看见自己的缺点。”又说：“其实，窗子、镜子并不重要，重要的是你的心，你的心扩大了，你的书房就大了，你的心就明亮，世界就明亮。”让我们就按照这个作家所讲的那样扩大心胸，做到知己，知人，知世界。

管理也必须做到“知人者智，自知者明”，以此胜己，胜人。

十二 “有生于无”与创造

“无”与“有”是一对矛盾。在这对矛盾中，它们互含，你中有我，我中有你。常眼只认识“有”，不认识“无”；慧眼却认识“无”。“有”中蕴涵着“无”，“无”中生育着“有”。这叫“‘有’生于‘无’”（第四十章），“有无相生”（第二章）。

“有”都是从“无”中来的。当然“有”是不会无缘无故出现的，是经过“为无为”而产生的。举个例说，世上本无电脑，但有电脑的“无为”之思，想啊想，“无”转化为“有”，电脑出现了。

老子在他的著作中，第十一章讲了这样一段话：“三十辐共一毂（gǔ 车轮中心有个窟窿可以通过车轴的那部分东西），当其无，有车之用；埏（shān 用水和泥）埴（zhí 黏土）以为器，当其无，有器之用；凿户牖（yǒu 窗户）以为室，当其无，有室之用。故有之以为利，无之以为用。”语意是三十条的辐共同地汇集到毂中，因为毂中有空隙（无），车才能起到车的作用；用水掺和黏土做成器皿，因为器皿里有空隙（无），器皿才有器皿的功能；开门凿窗建造房子，因为有门有窗及室内合围的空隙（无），房屋才起到房屋的作用。由此可见，“有”之所以给人方便，却是因为有“无”这个东西在起作用所导致的。

有这么一则故事，1946 年，我国建筑学家梁思成作为联合国九国建筑选址委员会考察代表团的一位成员，去美国考察。期间，梁思成专门地去访问了美建筑学家赖特，当赖特知道他是来向他学习建筑理论时，严肃地说：“最好的建筑理论在中国”。还说，《老子》的“凿户牖以为室，当其无，有室之用”的理论，就是最好的建筑理论。

老子说“无”重要，说没有“无”，何来“有”？让我们举几个“无”的价值的例子来。关于建筑学方面的例子前面已说了。现在举数学方面的例，有“零”的数字，才有“一”、“负一”等的值；在物理学方面有“真空”这个概念，然后产生量子场。其实细究，建筑学中的“无”，数学中的

"零"，物理学中的"真空"，在其中并不是一无所有的"无"。再举个浅显的道理。你懂音乐吗？音乐所以好听，就因为它有抑扬顿挫，那"抑"，那"顿"，就属于"无"。

我们说管理。管理中"无"的作用也极大。如思维、知识、规划、谋略等，这些东西都是不见之于形的，是"无"，但其价值要比现实的"有"大。还有，"无形的手"也十分厉害，有时比"有形的手"所起的作用大。知识资本要比货币资本、物质资本作用大，无形资产要比有形资产作用大，无形财富要比有形财富作用大。例如你是厂家，你生产的产品有好的品牌，好的社会声誉，这些都是属于"无"的东西，你经营就会收到很好的经济效益。

十之 "恍兮惚兮"与梦思

《老子》第二十一章说："'道'之为物，惟恍惟惚。惚兮恍兮，其中有象；恍兮惚兮，其中有物。窈兮冥兮，其中有精；其精甚真，其中有信。"

这是名句，它告诉我们，在"无"转化为"有"的过程中，那"恍惚"、"窈冥"在其中价值无限，那"有象"、"有物"、"有精"、"有信"在其中转化机理重要。

你有这样的体会没有？在万籁俱寂的朦胧之夜中，风吹树影婆娑，虫鸣大地唧唧，你可以利用这个静夜去想问题，效果极好。此刻的你过滤掉白天给你的尘埃，洗沐掉人间给你的烦躁，舀一勺如水月光，采一颗晶莹的星珠，把月儿呀，星儿呀，融入自己的身心之中，然后去想你要想的问题，海阔天空地想，无拘无束地想，此刻的你，可能会冒出一个怪诞的想法来，一个有意思的火花来，一个可贵的灵光、悟性来，抓住它，不让这个稍纵即逝的东西跑掉，然后经过你的再思考，它就会帮助你去解决白天想解决却没有解决的问题。

还要说说入睡、入梦时的思考问题。此刻的你，进入“恍惚”、“窈冥”状态，这时，“有象”、“有物”、“有精”、“有信”那些东西可能出来。你也可以把这些“有象”、“有物”等那些问题抓住。待你醒来时，拷问、探究这些“有象”、“有物”等，与你想要解决的问题联系着想，它们很可能会给你一个好的顿悟答案来。

“梦”是什么？人们说“日有所思，夜有所梦”。此说有理，那就请你做梦吧，做一个白天没有想清楚的问题的梦吧！说不定在晚上梦中会给你一个启迪性的答案来。

关于“梦”，美国科学家杰·哈德森说，人有三种思维状态，睁眼思维是人的思维的第一种状态；做梦是人的第二种思维状态；第三种是“临界思维”状态，又称“卧思”。“睁眼思维”重要，它促使我们积极地去想问题；“做梦思维”也重要，它促使我们积极地去思考问题；我们说“临界思维”即“卧思”，它是一种开拓性的想问题的方式，是一种发展创造力的想问题的方式，关于这，我在前面说及的静夜卧思中已提及了较多，请读。

“梦”，它是属于“恍兮惚兮”的东西。这个东西很奇特，好多人去解释它，如弗洛伊德解梦，荣德解梦，周公解梦，这些解释全没有把“梦”的问题解释清楚。有人认为，它属于第六感觉的东西。眼、耳、鼻、舌、身是五个感觉，分别司事着视、闻、嗅、尝、触等功能，那“梦”，那第六感觉司事着那五种感觉外的感觉，如直接感觉，前感觉，恍惚感觉，潜感觉，超现实感觉等，这个解释有一定道理可以研究。

“恍兮惚兮”，这实际是老子对“梦”的一个称谓，一个比照说法。老子这个说法其可贵处在于，使思维世界的认知与现实世界的认知连接起来了。归属于道家学派的一位重要成员叫庄子的，他做过一个关于蝴蝶的梦，这个梦就是属于思维世界认知与现实世界认知的连接认知。

“梦”能启发人们去创造。德国化学家凯库勒在芳香化学、有机化学上有重大建树，他的成就就受益于做梦。他曾对他的同事说：“先生们，让我们都学会做梦，这样，也许我们会发现真理。”还有这样一个数字，英国剑桥大学有学者，在1990年前，对不同学科的学有所长的科学工作者作调查，调查他们的工作情况、生活情况等，发现这些人中有70%的人曾经得到过梦对他的帮助。

请你“恍兮惚兮”吧！做个好梦吧！追思“恍兮惚兮”，追思好梦，按好梦的路子寻去，并使好“梦”成真，“恍兮惚兮”成真。

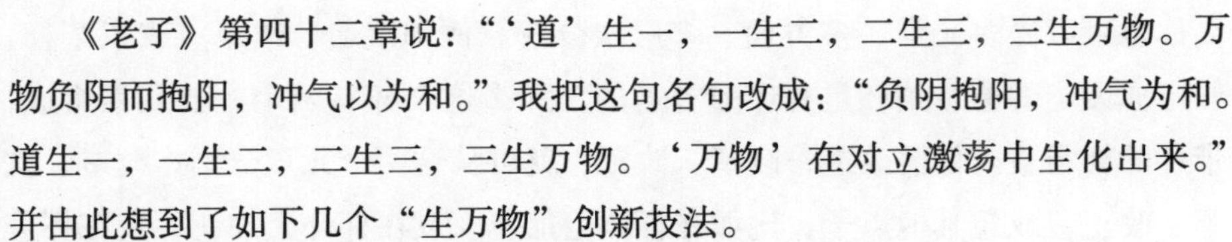

十四 “冲气为和”与创新技法

《老子》第四十二章说：“‘道’生一，一生二，二生三，三生万物。万物负阴而抱阳，冲气以为和。”我把这句名句改成：“负阴抱阳，冲气为和。道生一，一生二，二生三，三生万物。‘万物’在对立激荡中生化出来。”并由此想到了如下几个“生万物”创新技法。

1. 疑虑创新法。创造都是由疑虑而生的，有了疑虑就想解决这个疑虑，于是发明就出来了，创造就出来了。比如想改造计算世界，于是想啊想，电脑就出现了。德国哲学家哈泊特·曼纽什说认为，《老子》是一部怀疑论的哲学著作。提出，现代人“必须成为一个怀疑论者”。但又说：“并不要大家全身心地泡在怀疑态度的迷雾中。”老子确实是一个善怀疑者，他说“道可道”的话，是对“道”的一种怀疑。他说“有生于无”，是对“无”的一种怀疑。他说“恍兮惚兮”的话，是对事物的一种怀疑。经过这样的置疑，新的“道”就出现了，新的“无”就出现了，新的“事物”就出现了。

置疑、设问就是对哪怕是明白无误的事物，有时也不妨恍兮惚兮一番，提问一下：“是这样的吗”，“何以至此”，“还能作其他变化”，“我该怎么去完善它”等。在整个创造过程中不断地发问，使“?”变成“!”或“。”。这种方法西方人称之为5W2H法，就是发七个问：（1）why，为什么要作改进？（2）what，往哪方面作改进？（3）where，从哪里着手作改进？（4）who，由谁来承担这项任务？（5）when，什么时候完成？（6）How do，怎样实施？（7）How much，改进的期望值是什么？关于这，我国著名的教育家陶行知有说法，他是在总结他的教学经验时说的，叫“八贤”求教法。这“八贤”是：“我有几位好朋友，曾把万事指导我，你要想问真姓名，名字不同都姓何：何时、何故、何人、何如、何时、何地、何去，好像弟弟与哥哥，还有一个西洋派，姓名颠倒叫几何，若向八贤常请教，虽是笨人不会错。”

让我们学会疑虑，选择好疑虑题目，用“道可道”的思想，用“有生于无”的思想，用“恍兮惚兮”的思考方式作发明创造。

2. 元素分合创新法。万物都是负阴抱阳、冲气为和而存在的。所谓元素分合创造，就是把事物的阴、阳元素分解出来，然后重新对这阴、阳进行再组合以创造新事物。事物的组成元素是多个的，多方面的，有层次的，那么你也可以做多元素、多方面、多层次分解。例如改造、改革、改正茶杯，假定你设定的原始茶杯是有环的有盖的，那么这个杯有两个主要元素组成，带环的杯与盖。你搞改造、改革、改正，就可从这两个元素分别作改造、改革、改正，或想其他点子，比如在杯体上加花，或在杯环上加花，或在杯盖上加花等。

3. 事物抱一联想创新法。事物都是“混而为一”（十四章）的，“抱一为天下式”（二十二章）的。我在这里借用“混而为一”的“一”的词，“抱一”的“一”的词，说事物的本体（即“一”）联想出新的创造技法问题。有三种联想创造技法：（1）直接创造。如从蛇的身体作联想，发明了蛇形管。（2）间接联想。如从神话念咒得启发作联想发明声控装置。

(3) 因果联想。如根据合成树脂加发泡塑料能形成新的物质这样思想，有人作联想了，据发泡原理作联想发明了由发泡剂与水泥合成形成发泡的混凝土。本人也有体会，我喜爱写作，我就会在一件作品的基础上作联想，或加些什么，或减些什么，或改些什么，或变些什么，使之形成一个新的作品，比如本书《向“四子”学管理》，就是在我已有的《老子管理学》、《孔子管理学》、《孙子管理学》、《向韩非子学管理》四本书的基础上联想演化而成。

此外，还有其他创新技法，如事物优缺点放任列举法，事物希望放任列举法等，因为与《老子》的思想关系不大就略去。

十五 “不以兵强天下”

“不以兵强天下”（《老子·三十章》）。关于“兵”，在《老子》一书中，还讲了很多话，直接说到带“兵”、“战”等字样的就有十几章次，如上引的第三十章上的话。假如把《老子》某些章次文中虽未见“兵”字的却讲的是有关“兵”的内容算进去则更多，如三十六章中所说的“柔弱胜刚强”的话。

由此，有人就称《老子》为兵书，如唐王真说：《老子》“五千之言……未尝一章不属意于兵也”。宋苏辙说：老子“此几于用智也，与管仲孙武何异”。明王夫子说：老子“言兵者师之”，并说老子是“恃机械变诈徼幸之祖也”。

上述诸人的话，其共同点是，认为老子讲兵。《老子》一书讲了很多关于兵的内容，是说不错，但王真的话有不当之处，王夫之的话也有问题。

有必要就王真的话作辨析。《老子》一书虽然不少章讲了兵的问题，但不占全书内容的多数。该书八十一章绝大部分讲的还是非兵的内容。老子是道家宗师，其书主要讲的是关于“道”的问题，怎么会是“未尝一章不属意于兵也”？王真的话过了，夸大了。

还有必要就王夫之的话做辨析。是的，在《老子》一书中有关于“变诈徼幸”那样的文字，如在第三十六章上说“将欲歙之，必固张之”。但是，老子在这里讲的是谋略问题，该章文字说得对，是为了“柔弱胜刚强”。还要辨析，讲“将欲歙之，必固张之”那样话的或讲“谋”方面话的还有吕尚、孙武等人。如吕尚说：“鸷鸟将进，卑飞敛翼。”（《六韬》）孙武甚至还那么说：“兵者，诡道也”（《孙子兵法·计》），“兵以诈立”（《孙子兵法·军争》）。为什么不称吕尚、孙武为“机械变诈徼幸之祖”呢？相反还有人称吕尚为圣人，称孙武为“兵圣”。老子所以被王夫之称为权术家，而吕尚、孙武则不，只有两种解释：第一，权术问题本来是普遍存在的，但有人羞于说，而老子却把它说出来了，而且说得那么精辟；第二，老子讲的又如此理论化，“理论”得又如此深刻，如说“为无为”。王夫之的话是欠公道的，讲重了，怎么可以给善良老人胡乱地扣上吓人的帽子呢！我还认为，因为老子把权术思想明着说了出来，还给予理论化，不仅不能说他坏话，还应给他记上一个大功才是。

再有必要就苏辙的话做辨析。苏辙说：老子“此几于用智也，与管仲孙武何异”。这话公允。是的，李耳、管仲、孙武三人都是智人，都善用智。如在战略问题上，在“将欲歙之，必固张之”等问题上，他们都讲智；在战术问题上他们也都讲智；在全胜问题上他们也都讲智；在奇胜问题上他们也都讲智。当然，他们之间也是有别的，区别在老子是道家，吕尚是政治家、兵家，他写有兵书《六韬》，孙武是兵家，他写有兵书《孙子兵法》。在说兵的问题上，老子是说不过吕尚、孙子的，特别是孙子。尽管老子在讲兵的问题上，讲了些孙子不曾讲的且十分正确的观点，如本节标题上的话：“不以兵强天下”，还有“兵者，不祥之器”（三十一章）等。

“不以兵强天下”的观点是对的，还是讲“和为贵”为好。因为“兵”

是要死人的，是要伤财的。当然，敌人打不义之仗，侵略我们。我们愤而抗击那是另一回事，这样的“兵”不能反对。

 “柔弱胜刚强”

“柔弱胜刚强”是老子在第三十六章上讲的话。该句话的内容在前题讨论中已引用过若干，为讨论方便起见，现在让我再引用一次：“将欲歙（收敛）之，必固张（扩张）之；将欲弱之，必固强之；将欲废之，必固兴之；将欲取之，必固与之。是谓微明（这叫幽深的预见）。柔弱胜刚强。”

本段文字中，关于“歙之”、“张之”等话，我将在下题另作讨论，这里只讨论“柔弱胜刚强”句。

“柔”是《老子》中的一个重要概念。在该书中多次说“柔”。著名的有：“守柔曰强”（五十二章），“天下之至柔，驰骋天下之至坚”（四十三章）等。还有这么一句话需要着重地指出来：“人之生也柔弱，其死也坚强。草木之生也柔脆，其死也枯槁，故坚强者死之徒，柔弱者生之徒。是以兵强则灭，木强则折。强大处下，柔弱处上。”（七十六章）此话的要害是句末的话：“强大处下，柔弱处上。”

“柔弱胜刚强”是老子讲的关于“柔”的问题上最负盛名的一句话。关于这句话，其理论依据就是在七十六章中所说的那段话。七十六章说，人的躯体，生是柔软的，死了呢，成尸体，尸体发硬；草木躯体，生长着的时候处柔软态，死了呢，成枯槁一折就断。所以老子得出结论：坚强属死的一族，柔弱属生的一族。又说，兵强大了则灭，木强大了则折。强大处于下沉势态，柔弱处于上升势态。

关于“柔弱胜刚强”，笔者还能举出若干例证来。诸如牙齿比舌头硬，但牙齿会掉舌头则不会掉。人体的骨骼比人的皮肤硬，但骨骼会折裂皮肤则不会。又如水，水比钢铁软弱，但水能锈化钢铁，能腐蚀快刀，而快刀却断不了水。钢铁能砍伐树木是够厉害的了，但水却能漂走树木更厉害。石头比水硬，但“水滴石穿”，“水”比“石”更具威力。

老子说：兵强则灭，历史上这样例证多的是。列举两例：一是公元前353年战国的齐孙膑围魏救赵，打败了强大的由庞涓率领的魏军。一是三国时期，公元208年，吴、蜀联军仅十万左右的兵力打败了有号称百万之兵的魏国的曹操大军。

笔者知道，上述例证，有些是不能作简单比较的，如牙齿与舌头，因为它们是不同性质的东西。笔者还知道，柔弱在事物上升时期能胜刚强，但当它成长为大的时候，它也会变成真正的弱。笔者还知道，有些强就是强，弱是永远赢不了这个强的，如鸡蛋不能砸石头，胳臂扭不过大腿。但是，笔者却要说，老子伟大，他提出来了一个重要的、正确的命题，柔弱能胜刚强，由此鼓励人们不要拘束于弱，不畏惧于弱，做自我努力，使弱转化为强，战胜强。

笔者还要讲一个道理：弱转化为强，弱战胜强，不是自发的，是要经过人的努力的，如用“谋”，用“计”，用“智”，这样才有可能让弱演变成强，让败转化为赢。

笔者还要讲一个道理，我们作“柔弱胜刚强”的考虑，不是说强不好。强大是值得永远追求的，例如我们国家综合国力务必求得强大。再说，“柔弱胜刚强”，其目的不也是为了使自己转化为强的吗？我们只是说，你弱了，不畏惧弱，做自强不息的努力，使弱转化为强。

笔者还要讲一个观点，你搞管理，在你处于强势的情况下，不妨多用些“硬”的办法管，比如“法”的办法等，当然也不能忘却“软”的办法，如用开导的办法管人。若处于弱势的情况下，你就多用些“柔”的办法管，比如多用些“谋”、“计”、“智”、“开导”、“鼓励”等，但也不要忘却必要的“刚”，如“法”等。

“将欲取之，必固与之”

上题已引用了的《老子·三十六章》的话：“将欲歙之，必固张之；将欲弱之，必固强之；将欲废之，必固兴之；将欲取之，必固与之。”

这句话讲了四点，32 个字。这四点实际讲的是一个理，用简明的语言就是：为了取，必须予。

这样的话在不少古人的经典著作中都能见到类似文字，如《周书》说：“将欲败之，必姑辅（辅助）之；将欲取之，必姑予之。”《孙子·势》中说：“予之，敌必取之。”管仲在《牧民》中说：“知予之为取者，政之宝也。”

为了取，必须予。打一个浅显的比方，你就可以知道它的含义与意义了：你会跳远吗？后退几步，然后奋力跑，起跳，最终飞得远远的。这退一步，进三步之术就是予取术。

有人把予取术称之为“机械变诈”之术，这个观点是错误的。应该这样看，假如把“权术”理解为用权的艺术，它有普遍的存在性：在政治上可以用，军事上可以用，经济上可以用，文化上可以用，治众上可以用等。只不过，有人明着用，有人暗着用；有的正着用，有的歪着用；有的用得对，对社会发展有利，人们接受了它，有的倒行逆施地用，成为历史的反动，人们反对它。所以，问题不在于用不用权术问题，而是在于用得正与谬问题，是进步还是反动问题。

这予取术本是军争中必有之义，老子讲这 32 字，也是从军的角度去讲的，是为了“柔弱胜刚强”。军争中，如给敌人某些甜头，引诱敌人上当，然后取而胜之。举一个例子：战国时代越王勾践被吴王夫差打败，谋臣范蠡建议勾践向夫差献予取术，以卑词厚礼博得夫差欢心，然后卧薪尝胆，发愤图强，最终使越国兴。

我们说商争。上面说的那个范蠡，在越兴吴灭以后，他弃戎从商，在山东陶那个地方做生意，用予取术搞经营，使“十九年之中三致千金”，人称陶朱公。再如战国时代的白圭，他自己说：“吾治生产。犹伊尹、吕尚之谋，孙吴用兵，商鞅行法是也。”又说：“其智不足与权变，勇不足以决断，仁不能以取予，疆（强）不能有所守，虽欲学吾术，终不告之（得不到成功）矣。”他用兵争一些做法，如用“予取”术搞经营获成功，该人被后人称为“天下言治生”之祖。

关于予取术，毛泽东在《中国革命战争的战略问题》一文中说：“常有这样的情形，就是只有丧失才能不丧失，这是‘将欲取之，必先与之’的原则。如果我们丧失的是土地，而取得的是战胜敌人，加恢复土地，再加扩大土地，这是赚钱生意。”（毛泽东著：《毛泽东选集》（1卷），北京，人民出版社，1991）毛泽东在这句话里，原本说的是军的问题，后却说到“赚钱生意”上去了，这说明军争、商争是相通的。请看毛泽东在上文讲完上述的话后，紧急着又说了这么一句：“市场交易，买者如果不丧失金钱，就不能取得货物；卖者如果不丧失货物，也不能取得金钱。”这说明商争中也必须讲“予取”术，而且力争取远大于予。

现在让我说点企业生产中的“予取”问题。“予之”必须谋划，力争投入少少的，即成本少少的，劳动力、原材料、设备、资金等投入是节约的并有效，做到少花钱多办事。“取之”必须谋划，力争其产出是社会需要的，是适销对路的，是价廉物美的，其商品折合成价值量后其值要远大于“予之”时的价值量，且越大越好。还有，在商品生产中，由原材料状态转换、转化为商品状态时也要谋划，其所用的加工工艺是先进的、科学的、节约的，是少量投入的。

现在讲商品经营中的“予取”问题，商品经营中也要讲“予取”术。要善做生意，如给顾客必要的“予之（让利）”，而且“予”的时候要予得诚，予得信，让顾客多次买你商品，从而收到好的“取之”效果，取得多多的经济效益。

十八 “祸福倚伏”

农历春节，家家都会放鞭炮，贴春联。放鞭炮是为了驱灾消祸，贴春联是为了迎春接福。但是，愿望是一回事，现实是又一回事。现实是，家可能有福进门，也有可能有祸入室。灾福是无常的，而且常常是“祸兮，福之所倚；福兮，祸之所伏。”

“祸兮，福之所倚；福兮，祸之所伏。”是老子的话，是他在第五十八章所说的，讲得很对。

“祸福倚伏”，福祉与灾祸共存，胜利与困难同生，福祉可以演化为灾祸，灾祸可以演化为福祉，这是千真万确的道理，是人类活动的普遍规律。浅显地说，如你福祉临门了，你高兴了，由此产生骄傲，不检点了，忘乎所以了，结果引发了祸，这就叫福中藏着祸；反之，你灾祸临头了，你扪心自问这是为什么，检点自己言行，改正自己过失，你进步了，福祉又到了你的家，这叫祸中隐着福。

人们喜欢福，福有鲜花，有掌声，有喝彩，有宴席；不喜欢祸，祸有悲哀，有泪水，有苦痛，有丧气。但这些是在人的一生中不可避免会出现的事，只不过你所遇到的福或祸有大小的区别罢了，而且它们往往是转换着来，有了福，跟着会来祸；来了祸，福跟着会来。

《淮南子》上有一则故事叫“塞翁失马”。说靠近长城一带居住的人中，有位擅长推测吉凶掌握术数的人。一次，他的马无缘无故跑到了胡人的住地。人们都为此来宽慰他。老人却说：“这怎么就不是一件好事呢?”过了几个月，那匹马带着胡人的良马回来了。人们都前来祝贺他。那老人又说：“这怎么就不能是一件坏事呢?”算卦人的家中有很多好马，他的儿子爱好骑马，结果从马上掉下来摔断了大腿。人们都前来安慰他。他的父亲说：“这怎么就不是一件好事呢?”过了一年，胡人大举入侵边塞，壮年男子都拿起弓箭去作战。靠近长城一带的人，大部分人都死了。唯独这个人因为腿瘸的缘故免于征战，父子俩得以互相保全。

老子五十八章上的话，他在讲了上引的话后，紧接着还说了这么一句话：“孰知其极，其无正也。”是说，有谁能知道其中的究竟，却没有一个确定的准则。这话有问题，福变成祸，或祸变成福，难道真的没有“极”（准则）可循吗？不对，事物变化总是有原因的，有一定的客观条件导致的。举“塞翁失马”的故事为例说，塞翁的马跑了，那是因为塞翁疏于管理、疏于防范所致，那马跑回来了，那是因为马有识途的本事等，怎么会是无准则呢？

祸福之变是有规则可循的，而不是其“极”、“无正”的。认识这个道理很重要，它告诉我们，为人处世要谨慎，比如防骄，防止“福”转化为“祸”；在有“祸”的情况下，防气馁，做自我努力，兢兢业业，使“祸”演化为“福”。

现在，让我们说点企业管理的事。企业拟人化，企业在它生存过程中必然也会出现“祸”与“福”，特别是在激烈竞争的环境中，企业时时刻刻会遇到困难。困难这个东西，弄得不好就会演变成“祸”的。当然企业在竞争中也可能获胜，那你就得福了。不过，我想，在激烈的竞争天地里，企业还是警钟长鸣为好，谨慎再谨慎为好，小心再小心为好。

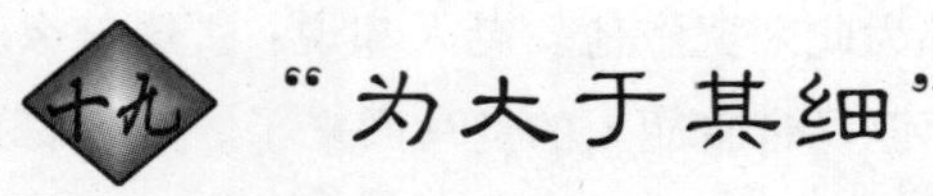

十九 “为大于其细”

《老子·六十三章》说：“图难于其易，为大于其细。天下难事，必作于易，天下大事，必作于细。”这段话，不难懂。总的意思，大致是说，做难事要从做易事做起，做大事从做小事做起。

图难于其易，为大于其细。老子揭示的这个做事基本原则，我们可以从《周易》一书中关于“卦”的基本知识找到佐证。《周易》是本讲“卦”的书，讲了六十四个卦。“卦”是有六个一组的符号组成，这符号是由“—”（阳爻）、“－ －”（阴爻）组合而成。组成“卦”的符号叫“爻”。六个爻组合成“卦”时，其排列是由下往上排的，分别称之为“初”、“二”、“三”、“四”、“五”、“上”爻。“初”是处于卦中最低端的那个爻；“上”是卦中处于最高端的那个爻。《周易》上所说的关于“卦”、“爻”的组成道理，告诉我们最底层的“爻”即“初”是最基础的爻，最为要紧，卦的其他五个爻就是从这个爻为基础而叠加组成的。

卦的“初”爻，起初的“初”，基础的“础”。是说做事情要从初开始，盖高楼要从打基础开始，学画画要从学画圆开始，学唱歌要从识简谱开始，学走路要从学爬开始，学写文章要从学遣字造句开始。

“为大于其细”的“细”还可作细小、细微、细节讲。为大，就要从抓细小、细微、细节的事为起，如抓链条上的扣环，抓钢轨上的铆钉，注意机器运转时的轰鸣声，竞赛场上赛跑的步履印等。

“为大于其细”。“细”抓得不慎是会出问题的。有一例子，几年前，新疆一家企业把出口商品的产地乌鲁木齐误写成“鸟”鲁木齐，导致受损16万元。巨轮因有小洞可能会沉入大海，飞行的飞机因有螺丝松动可能坠地。因有蚁穴，千里大堤可能坍塌；因有燃着的烟头，可能导致森林大火。“细”，小视不得，马虎不得。

重视“细”，体现着一个人的负责精神，兢兢业业工作，踏踏实实做事，不马虎，不凑合，不“想当然”，不“马大哈”，不搞“大概”、“也许”、“可能”等一套。思维严谨，谋事周全，一是一，二是二，钉钉铆铆，清清楚楚，做事天衣无缝。这种“于细微处见精神”、“一丝不苟”的精神，十分值得提倡。

有这么一则故事。1966年，邢台闹地震，周恩来总理去那里慰问灾民。在会场，群众面向西北而坐。总理不满意这样的会场布局。他把卡车开到会场南头，面向背他的群众，然后，他在卡车上，以卡车作讲台，迎着大风对着麦克风向几千群众发令：“起立”，“就地向后转”，“请坐”。就这样地，几千群众不被大风吹刮了，而总理却扑面迎大风，面对群众讲话。这就是总理的崇高工作风范，严细的工作精神。

现在让我们说企业管理。企业管理也要十分注意抓基础工作，如抓管理的定额工作，标准化工作，计量工作，信息管理工作，建立以责任制为核心的制度建设工作，干部培训工作等。企业管理干部也必须树立上述严细作风。

 二十 "千里之行，始于足下"

在老子讲了上述第六十三章的话后，在第六十四章上又说："合抱之木，生于毫末；九层之台，起于累土；千里之行，始于足下。"这第六十四章上的话，所讲的实际依然是第六十三章上所讲的主题内容。是说，做工作要从细小处做起。

在本题的讨论中，想讲三个问题。

1. 就"合抱之木，生于毫末"说成才。合抱之木是材。在古时，"材"与"才"通用，在这里我就把"材"借喻成"才"。"合抱之木"是材，可作建筑材料栋梁用。为木要作栋梁之木，为才要作栋梁之才。"合抱之木"是怎么来的，是由"毫末"成长而来。"毫末"是纤纤的，嫩弱的，需要百倍呵护：它渴了要给水；它营养不足了需要给肥；它挨冷了需要为它培土；它疯长了，或长得不好了，需要修枝。这个栋梁之材就是这样地悉心照料而得的。

借上述的话说人。我们的人也应该成为一个有出息的人，是有理想的，有道德的，有文化的，守纪律的。这样的人不是天生的，需要教与育，如同培育纤纤“毫末”成“合抱之木”那样的培育，给水，给肥，给培土，给修枝。

就企业管理中的员工说，企业领导人就应该给他们以职工教育，提高员工的思想道德觉悟，提高员工的文化水平、技能水平。还有，还要帮助他们提高健康素质。

2. 就“九层之台，起于累土”说兴业。“九层之台”之“九”，是高的意思。“九层之台”，是指百丈千仞的高台。百丈千仞的台怎么来，是一筐一筐的土的累积叠加而成。

让我们把“九层之台”喻为兴建宏伟事业，比如兴建企业。兴建企业也需要通过“累土”一筐一筐地去建设。

在兴建企业中有三个方面的事要做。

一是关于生产关系方面的。生产关系简单地说，就是人与人之间的关系问题。在企业中属人与人关系方面的事很多，主要有这么几对关系：领导人与领导人的关系，这是最为主要的，它涉及到领导核心能否团结一致做好工作的问题；领导人与员工之间的关系问题；领导层与管理层、操作层之间的关系问题；干部与一般员工之间的关系问题；技术人员与管理人员之间的关系问题；工人与工人间的关系问题等。处好这些关系，使全企业人员齐心合力地把工作做好。

二是关于生产力方面的。就是关于组织生产方面的问题。这方面的“累土”甚多；如定额，没有定额如何组织生产；如标准化，没有标准化，生产就会乱套；需要计量，没有计量，你怎么投料，怎么操作；需要信息，比如生产中需要传票，需要台账，需要统计，有了这个信息“累土”才能保证生产有条不紊地进行。还有其他方面的“累土”。

三是关于上层建筑方面的。上层建筑为生产关系、生产力服务，也是由生产关系、生产力的需要而建立、决定的，主要是规章制度，如企业领导制度，班组管理制度，各种以责任制为核心的规章制度等。

3. 就“千里之行，始于足下”说励志。立志、励志，实现志，为人就应该为这样的人。不积跬步无以至千里，人的千里志，是始于足下的，是一步一步地走出来的。关于这，庄子在《庄子·则阴》中有句话说得好：“丘山积卑而为高，江河合水而为大。”丘山是靠“卑”的“积”而成为高的，江河是靠“合”而成为大的。人呢，是靠立志、励志，一步一步地努力而实现其远大抱负的。

“上善若水”

你喜欢水吗？老子很喜欢水。关于水，或溪，或川，或谷，他讲了很多话。他对水的评价是“上善若水。”（第八章）

“上善若水”，老子全句的话是这样的：“上善若水，水善利万物而不争，处众人之所恶，故几于道。居善地，心善渊，与善仁，言善约，政善治，事善能，动善时。无唯不争，故无尤。”是话，用现代语言来说是：上善的人，如水，水利万物而不与万物争，甘心停留在众人所厌恶的地方，所以他最靠近“道”。他居处（像水那样）安于卑下，心地（像水那样）深沉，交往（像水那样）与人亲善，说话（像水那样）诚实可信，为政（像水那样）秩序井然，办事（像水那样）干练得力，行动（像水那样）善择时机。正因为他有水那样的不争高贵品德，所以他人不怨尤他。

这句话里，有两点值得注意：一是老子把水视为美德的化身；二是他要求我们的人学水，学水的“善利万物而不争”，学水的“居善地”，“心善渊”，“与善仁”，“言善约”，“政善治”，“事善能”，“动善时”等好品德。

确实，水是善利万物的好东西。人需要水，没有水，人的生命就要终止。动物需要水，植物需要水，没有水，动物、植物就会绝迹。一句话：水是生命的源。

水，还有很多可爱处：在常温、常压、常态的情况下，它有“天下莫柔弱于水”的柔性特点。它因地制流，随遇而安，而不会对居处做挑三拣四的非分选择；它性至柔但力至坚，利剑不能断其身，但却能让滴水穿了石；它性格温顺，儿童乐于与其嬉戏；它平静平和，“水心如镜面，千里去纤毫”，平静的水，还能作镜子用；它明洁，可以去污泥，去污垢，洗身子，洗灵魂；它甜美，溪流清清，垂柳轻吻，鹅在它上面游，白帆在它上面点，装点自然景色；它趋下，“飞流直下三千尺”，居卑下处；它负重，沉舸在它身上过，厚载万物；它坚贞不屈，现代化学告诉我们，它是有二氢一氧化合而成的，这两种元素一经结合，就不愿轻易分开，纵然 2 000 度烈火烧其身，也只能离间其千分之八而已。

水也有反常的时候，也会发怒咆哮。它能载舟但也能覆舟，甚至给人们带来灾难。但是，那不是水的过错，是一些人不遵循水的特点、运动规则而胡乱作为的报应，比如任意地堵其流，任意地超载加其重，任意地赃物污其身，任意地乱伐它的保护物——树木。

水也有变形、变态的时候，那是因为外面给它加了温、加了压等的结果，如加温，它变成了汽，减温，它变成了冰。其实此刻的汽、冰已经不是水了。但纵然如此，我们依然要夸奖水，它虽然异化为汽为冰，它依然为人类服务着，如汽产生动力，冰冷冻其他物品。

“上善若水”，老子的话讲得何等的对。庄子也说过类似的话：“水之性，不杂则洁，莫动则平，闭而不流，亦不能清，天德之象也。”（《庄子·外篇·刻意》）让我们强化修养，学习水，学习水“善利万物而不争”的高尚品德，做一个有高尚道德情操的人。

二十二 善下，“为百谷王”

上题讨论了作为领导人必须像水那样有处下精神。关于这，老子还讲了其他很多话，这里再引用一句，是在第六十六章上说的：“江海之所以能成为百谷王者，以其善下之，故能成为百谷王。”本语语意清晰，不需做很多解释，只是着重地说一下，这里所谓的“百谷王”，是指百谷的首领。首领者，领导人也。领导人应该具备“善下”的素质。

领导人应该具备“善下”的素质，这个观点符合现代管理学的思想。现代管理学认为，作为领导人应该善于用自己的言、行、品德、作风等无形地去影响他人，行“无言教”，行“无言”的领导。

何谓领导有三种观点：（1）职权论。领导就是职权。上级赋予职权，被赋予者（可以是个人，也可以是一群人）据其职权进行工作就是领导。（2）服务论。领导就是服务。领导人为人服务，为众服务，为事业服务。（3）影响力论。领导工作是在群众中进行的，领导当然有领导职权问题，有服务问题，但是最主要的是它是面向群众的，只有领导人把自己的言、行、品德、作风等调整好了，检点好了，修炼好了，率先做到了职权内应该做到的事，才会对群众产生影响力，从而达到领导效果。

领导发力，有两法：外来之力，如借用上级给的职权之力，那是硬实力，有用，但它多半是强制之力，对被领导人来说，起着力服的作用，是不彻底之力；内在之力，用领导人的言语、行为、品德、作风、威信、威望领导人，使被领导人折服，信服，拜服，那是软实力，是完全之力，彻底之力，这样之力，其效果是无限的，长远的，经久不衰的。

老子是持领导影响力论思想的人。他反对以政、以权、以势、以力、以令、以刑、以罚等为手段治理百姓，如他讲过这样的话：“其政察察，其民缺缺”（五十八章），“法令滋彰，盗贼多有”（五十七章），主张用“无为”、“不争”、“若水”、“守下”、“清静”、“处下”、“无欲”等实施领导。他说唯有此，其领导效果才可能达到这样水平：“我无为，而民自化；我好静，而民自正；我无事，而民自富；我无欲，而民自朴”，“无事取天下”（五十七章）。

老子在六十六章讲了上句“江海之所以能成为百谷王者，以其善下之，故能成为百谷王”后，接着又说：“是以圣人欲上民，必以言下之；欲先民，必以身后之。是以圣人处上而民不重，处前而民不害。是以天下乐推而不厌。以其不争，故天下莫能与之争。”这后续的话是说：圣人要统治人民，其语言必须对人民是谦下的；要领导人民，其身份必须把自己放在人民之后。所以圣人虽然处于统治的位置上而百姓并不感到有负担，虽然处于领导的位置上而百姓并不感到有危害。因此天下人乐于拥戴而不讨厌他，所以他不与他人争，而天下人没有一个人能与他争，成为“太上”（十七章）的领导。

请看，老子笔下所描述的“善下”有多大的领导功能，他不为，不争，“民自化”了，“民自正”了，“天下莫能与之争”了。

让我们看现实，我们的胡锦涛总书记、温家宝总理，他们也处下，比如，2010 年 4 月，我国青海玉树地区闹地震，胡锦涛、温家宝两位领导人都以最快的速度奔赴灾区指导抗震，慰问灾民。温总理在 2008 年汶川闹地震时数次去那里，2009 年新疆闹雪灾他去那里，在这些地方指导救灾，看望受灾群众。从 2003 年至 2010 年，他已经有八个春节没有与家里人一起过，或在阜新 720 米深的矿井下与矿工们过；或去河南与低收入户一起吃年夜饭，或去山东、东北、江西、四川、广西等地与群众一起过，他被人们称为“平民总理”、“亲民总理”、“人民的好公仆”，工作成绩卓著。

“敦兮其若朴”

老子提倡“朴”。“朴”在《老子》一书中多次说到它，让我例举两则：其一，“敦兮其若朴”（十五章），是说为人要敦厚，敦厚得如同没有经过任何雕塑的朴实的原始材料一般；其二，“见素抱朴，少私寡欲”（十九章），是说为人要做到外表是洁净的，内心是朴实的，私心是少的，欲望是低下的。

让我探究“朴”的词义。“朴”，朴实，真切，无暇，无疵，无污，无垢。老子要求我们做人要做“朴”的人，朴朴实实，真真切切，无瑕无疵，无污无垢。

是“朴”的人，没有私心，没有杂念，干干净净，清清爽爽，公公正正，浑浑实实。对那些有私心的人，老子说，“镇之以无名之朴，夫将不欲”（三十七章），是说祭起“无名之朴”之宝，镇住私欲，使该人没有私心。

“朴”好。因为领导人“朴”了，“无欲”了，“见私抱朴”了，“少私寡欲”了，使“民自朴”（五十七章），“万物将自化”（三十七章），“天下将自正”（三十七章），使“天下美”（二章），使“天下正”（四十五章）。

老子说“朴”。在他的著作中还说“溪”、“婴”等词。这“朴”与上面提到的“溪”、“婴”等词，其含义基本同。如“溪”，沟溪，积水之处，是无私无欲的；“婴”，婴儿，天真无邪。老子就要求“侯王”、“圣人”如“溪”，如“婴儿”。请读老子这样的话：“知其雄，守其雌，为天下溪。为天下溪，常德不离，复归于婴儿。”（二十八章）是说，知道雄是刚强的，于是守护雌的柔和，使之成为天下的沟溪。成为天下的沟溪了，常德就不会离去，这样淳朴的婴儿状态就回归了。该章还有这样的文字：“知其荣，守其辱，为天下谷。为天下谷，常德乃足，复归于朴。”该话的遣词造句基本同上句，语意也基本同上句。是说，知道了荣，就要守护好辱，甘心成为天下的川谷。成为天下的川谷了，常德就充足，这样真朴的的状态就会回归回来。在十章，还可读到这样的话：“专气致柔，能如婴儿乎？”老子要求人们像婴儿那样精气专一，柔和无私。

从上述的话可以看到，老子是主张“朴”的，主张“少私寡欲”的，是鄙薄名利的。老子还讲了这样的话：“甚爱必大费，多藏必厚亡。”（四十四章）是说，过分地追逐名利，必然要有大的耗费；过分地追求货藏，必然会招致重大的财产损失。需要指出，老子在讲上述这段话的时候，紧前是提了三个问题的：“名与身孰亲？身与货孰多（解作重）？得与亡孰病？”上述的话“甚爱必大费，多藏必厚亡”就是为回答上面三个问而答的。

老子的上述三问之答，“重身轻名”、“重身轻货”、“重得轻亡”，很正确。它所回答的不仅是身与名、货、亡轻、重、无等的比较上，更为重要的是，它比较了身躯与灵魂的关系问题，是说，人要为灵魂而活而不是为铜臭而活、为醉生梦死的身躯而活。

让我们说管理，我们领导人，也要“敦兮其若朴”。尽管人为生存不能没有物欲，但千万不能太迷恋了，太追求了，还是少点私欲为好，不然，你就会犯如老子所说的“甚爱必大费，多藏必厚亡”那样大错误的。

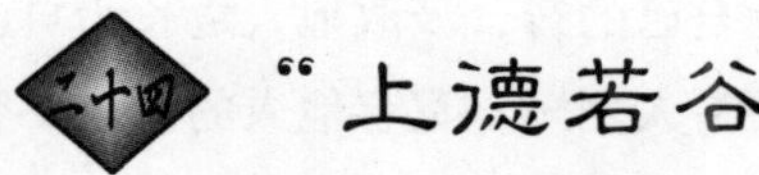

二十四 “上德若谷”

老子颂扬“水”，也颂扬“谷”。关于“谷”，他讲了很多话：如四十一章说“上德若谷”；三十二章又说“譬道之在天下（道莅天下），犹川谷之于（汇流）江海”；三十九章又说“谷得‘一（指‘道’）’以盈（充盈）”；六十六章又说“江海所以能为百谷王者，以其善下之”。

“谷”，川谷。“谷”，究其见解有四个要点。

1. “道”。“道”是老子全力提倡、称道的东西。你“谷”了，就会如三十二章上所说的那样，“道”莅临天下，川谷归之于江海。你“谷”了，就会如三十九章所说的那样，你就得了“一（指‘道’）”，你这个人就会充盈起来。

2. “下”。如六十六章上所说的那样“善下之”。这样的人，他谦虚，他恭敬，没有傲气，没有霸气，勤勤恳恳，老老实实，待人不摆架子，不吹胡子，不拍桌子，甘为下等人，甘做下等事。

3. “宽容”。“谷”是宽容的，容水，容万物。关于这，老子这么说：“大盈若冲，其用不穷。”（四十五章）这句话中的“大盈”指的就是“谷”，“谷”是大盈的，它有永远使用不完的力。

宽容，儒学也这么提倡，《周易·坤·象》就有这样的话："地势坤，君子以厚德载物。"释学也这么提倡，佛门有这样的对联："大肚能容容天下难容之事，慈颜常笑笑世间可笑之人"。

我们的人要学会宽容。他人做了对不起你的事，或者做了反对你并被事实证明反对错了的，你能宽容之，能"报怨以德"（六十三章）。

人是结群而生的，人迎面是人，在这种情况下，为了很好地与人搞好关系，你怎么能不宽容地对待他人呢！

宽容有很多好处：宽容了，就能团结人，拥护自己的人能团结，反对自己的人也团结；宽容了，可以"善救人"，"无弃人"（二十七章），使有问题的人感到自己的错，从而救了人；宽容了，对自己来说也有好处，可以汲取他人之智为自己的智，汲取他人之长为自己的长。

宽容，要容人之短，宽容他人的错；要容人之长，容得起他人的才华超过你；要容物之生，有些新鲜事物刚出土，难免幼稚，要宽容它的生，它的长。

4. "豁达"。做人要做豁达人，开明人。能经得起他人的批评与挑刺，经得起事故的磨难与考验。还要允许下属人大胆地去做事。美国管理学家乔治奥迪奥恩写过一篇文章，题目就叫《豁达·开明》，文章提倡，当领导的就要豁达地放手让下属去干，还说，你不要去管细枝末节的事；不要总让别人来问你这事该怎么办；不要对事情做轻易判断，不要任意地制定规则；不要用敌视的态度对待下属。乔治奥迪奥恩的观点是对的，符合老子关于"无为"的思想，"谷"的思想，那就让我们在管理中持"无为"的态度，"谷"的态度，豁达些。

“守静笃”

老子崇“静”，在他的著作里不少十次地讲“静”。老子常把那些属软性的词，如“阴”、“虚”、“雌”、“牝”、“下”、“柔”、“无”等联着说，或替代着说。如有如此的句：“致虚极，守静笃”（第十六章）。

“致虚极，守静笃”，什么意思呢？是说人要致虚而且要虚到极的程度，人要守静而且要静到顶峰的程度。

老子要求我们虚与静。

“虚”，虚怀若谷，谦虚谨慎。

“静”，清静，清净。“静”确实如老子言有很多好处，归纳之，大致有五个方面：修身，达智，养生，致美，做功。

1. 修身。这是“静”的主要功能，最为重要的功能。老子讲“静”的好处主要也是从这个角度去说的。它可以克“欲（私）”，“不欲以静”（三十七章）。可以返“朴（根）”，“归根曰静”（十六章）。它可以制躁，“静为躁君”（二十六章）。可以制骄，在你骄的时候，你“致虚极”了，“守静笃”了，就可以收到“不自见，故明；不自是，故彰；不自伐，故有功；不自衿，故长”（二十二章）的效果。注意，老子的上述话，在他的二十四章文字中，他又几乎不差一字地重复了了一遍。可以制怒，在你暴怒的时候，此刻，若能“致虚极，守静笃”，你的怒气就可以消失。可以治国，“静胜躁，寒胜热，清静为天下正”（四十五章），“我好静，而民自正”（五十七章）等。

2. 达智。你去过图书馆吧，那里的墙壁上会写着一个大大的“静”字。它叫你在图书馆中安静。静静地看书，静静地做学问，静静地想问题。静了，思路清晰了，智慧出来了。平时想不起来的问题，经过“静”处理，想起来了，找不到答案的，经过“静”处理，想出来了。有所谓“眉头一皱计上心来”的话，这“眉头一皱”的皱就是处静。颇有道家思想风韵的陶渊明，他写了这样的一首诗：“结庐在人境，而无车马喧。问君何能耳？

心远地自偏。”他写了好多诗就是在“无车马喧”的清静环境中写出来的。

3. 养生。静，顺乎自然，少私寡欲。做到这些，人，就可达到养生的目的。这里只说“静”，老子说，“静为躁君”，认为静是烦躁的克星。中医有养神一说，有神藏一说，这养神、神藏就是处静，所谓“静则神藏”。处静是生命的一种休息，累了处静之调节精力；饿了处静之淡化食欲；冷了处静之减少热量消耗；热了处静之免得燥热袭身。处静还能调节新陈代谢呢，有些病就可通过静，平衡阴阳来治，如治疗神经官能症。你一定去过医院，在医院的病房里，在正墙上，就会赫然地挂着的一个或几个大大的“静”字。

4. 致美。静有美。秋夜，万籁俱寂，秋虫唧唧，美。音乐有美，美在有抑扬顿挫的旋律，这抑扬顿挫的旋律其中就有静的因素在起作用，那抑扬、顿挫就是静。你懂京剧吗？京剧中有时人物出场，未见人，舞台是空的，是无，处于“静”的状态，但台后来了叫板，产生了美。

5. 做功。你一定看到过跳高，人跳高时，起步，猛跑，蹲腿，发力，起跳，越杆。这蹲腿的蹲，就是刹那的静，这个静的功做得好，那高就能跳得高。你会潜水吗？潜水时，处静，屏住呼吸，入水。这里的屏住呼吸就是处静，就是做功，功做得好，人在水里的时间就能长。

上面说了那么多的“静”的好处，那就让我们来重视“静”吧，用“静”把自己锻炼成为一个有德智体美素质的人。

向孔子学管理

孔子其人其书

孔子其人。孔子，名丘，字仲尼（前551—前479年），是儒家的宗师，儒圣，哲人，政治家，思想家，教育家。

孔子在我国历史上关系至大。在逝去的封建年代里，统治着人们的主要思想就是孔子及其儒家思想。人们学的是“四书五经”，科举考的是“四书五经”，其举止行为的规范也是“四书五经”。

什么是儒家？儒家以孔子为宗师，以孔子学说为基本思想，以“四书”、“五经”为学说经典，主张德治、仁政、礼义亲和、允执厥中、道德教化、修己安人，提倡大道之行，天下为公。

由于有孔子思想、儒学思想，使我华夏文明代代相袭，使我华夏子孙世世和谐，使我华夏民族生生不息。这个“华夏”，包括我中华大地的56个民族的“华夏”，包括分散在世界各地的华人、华裔子孙的“华夏”。

孔子思想还影响他国文明，早在14世纪，孔子思想就已远涉重洋，去了西方如意大利等地；它还对西方文艺复兴运动灌注力量，产生积极影响，如对那里的学者如孟德斯鸠、魁奈、伏尔泰等人起作用。

现在，孔子的影响普及五大洲，如“孔子学院”，它虽然不是以传播孔子思想为己任，却冠以“孔子”的名，传播汉语文化的。它自2004年起，至2010年4月，全世界就有82个国家里设有282所孔子学院和272个孔子课堂，足见孔子的威力所在。

要正确认识孔子。有人把他视为神，封他为“至圣先师”，把他请入神龛中顶礼膜拜，这不对。有人骂他是搞复辟的人，说他是丧家狗，推他入地狱，这也不对。孔子是人，布衣人，与众多的人一样的人，只是他有比众人更多的智慧与聪明而已。

历史上曾经出现过“打倒孔家店”那样的事，有“批林批孔”那样的事，都不是属于正常性质的事，关于这，在本书的“导论”中已有说及，请阅。

现在，在我国，孔子的作用越来越被人们认识，几年前，在中央电视台的《百家讲坛》节目中传出了《论语心得》的声音，孔子变得时髦起来了。2009年，国产影片《孔子》华丽登场，孔子更是风光无限。

孔子其书。孔子本人没有专著。孔子在世时，他对他的弟子们有很多教诲与接触。他的弟子或再传弟子就把他的言与行辑录下来编成《论语》一书，里面的孔子的话等可视为是他的著述。

让孔子思想为今所用。孔子思想中确实也留下若干需要研究的问题。如视“天”为“圣人化”的“天”；重“德”不太重视“法”；讲伦理，有很重的名分思想，有些还印有深深的封建烙印；经济思想说“君子忧道不忧贫”等。

在今天，儒家中的封建思想等内容及其他不合时宜的思想是不能再让它存在了，但其合理部分，属于科学性的东西，即优秀部分，我们还需继续汲纳、利用的，让它为建设、强盛我中华服务。

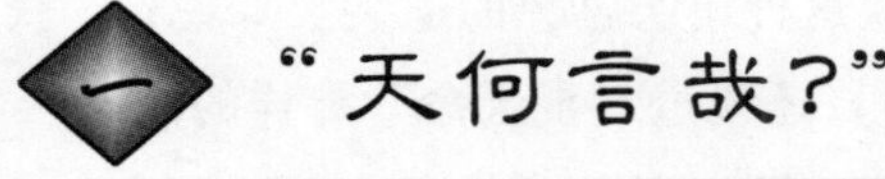

一 “天何言哉？”

孔子是哲人。他讲了很多关于哲理方面的话。本题说的“天何言哉”的话，就是其中之一。

“天”，在《论语》一书中讲了20余处。大致讲了两个方面的内容：自然状态的天，春夏秋冬，风霜雨雪，日月升降等；观念状态的天，人格化的天，或神明化的天，给天以人、神的意志、感情。在我们这段文字里，讲前者，讲天的自然态。

关于“天何言哉”原话是这样的：“天何言哉？四时行焉，百物生焉，天何言哉？”（《论语·阳货》）

“天何言哉”的话可贵处有三：其一，唯物，天独立于人而存在，客观的，孔子对天不迷信；其二，揭露了天象状态，四时在行，百物在长；其三，天人相分，天是天，人是人。

关于不迷信，在孔子那个年代里，孔子能做到这一点很不容易。孔子在《论语·述而》中还这样讲，“不语怪，力，乱，神”。在《论语·先进》说，“未能事人，焉能事鬼”等，我们今天的人就要像孔子那样做到不搞迷信的事。

由“天人相分”联想到，天独立存在，一般处于自变状态之中；人大体上说也是独立的，但要依附于天使自己生活得更好。人依附于天作变，比如，天下雨了，人就会撑伞以挡雨，人是应变体。但人绝对不是处于完全被动状态之中，人完全可以去做一些适应天、制服天方面的工作，使“天人合一”起来，让“天人关系”协调起来，比如主动地做些保护自然生态环境的事。过分地夸大“人定胜天”的作用是不对的，但一味臣服于天也是不对的。

关于这，想到了“天命论”的观点。“天命论”，认为天是有意志的，天能发威惩罚人，天主宰着人的命运，人只能乖乖地服从天命的惩罚。这样的观点，历史上早有，如《书·汤誓》说：“有夏多罪，天命殛之。”孔子也没有逃脱这种错误思想的遗袭。如说：“获罪于天，无所祷也。”（《论语·八佾》）还说过“畏天命”那样的话。

关于这，还想到了“天人感应”的观点。“天人感应”，是说天有什么征象，人间社会就会出现什么征象。汉大儒董仲舒说，“天人一也”（《春秋繁露·阴阳义》），说人讲仁义道德是因为天讲仁义道德等，甚至还这么说：天有三百六十六日，是副人有三百六十六的小节；天有十二月，是副人的大节；天有五行，副人之五脏；天有四时，是副人之四肢等，这种类比实在荒唐。

还是“天人合一”的观点对。这个观点承认天是天，人是人，人要适应天的运动规则而活动，主动地迎合天的变而变，使天与人尽量和谐起来，协调起来。

关于这,《论语·述而》说:“子钓而不网,弋不射宿。”是说,孔子钓鱼而不网鱼,用箭射鸟,但不射已经归宿于巢了的鸟。这说明孔子是一位很懂得生态环境保护的,他不胡乱捕鱼,不胡乱射鸟,注意生态和谐,注意天人合一。让我们学孔子,做天人合一、天人和谐、天人协调方面的事,做“钓而不网,弋不射宿”的事,做保护森林工作方面的事,做减少温室气体排放工作的事,做低碳经济工作方面的事等。

二 “格致”与“治平八目”

儒学的“格致”,即“格物”、“致知”。儒学有“治平八目”一说,即“格物”、“致知”、“诚意”、“正心”、“修身”、“齐家”、“治国”、“平天下”。

儒学经典《四书》之一《大学》说:“古之欲明德于天下者,先治其国;欲治其国者,先齐其家;欲齐其家者,先修其身;欲修其身者,先正其心;欲正其心者,先诚其意;欲诚其意者,先致其知;致知在格物。格物而后知至,知至而后意诚,意诚而后心正,心正而后身修,身修而后家齐,家齐而后国治,国治而后天下平。”

《大学》据说是孔子门生曾参著。

上述这段话十分有名。它讲了八个问题:格、致、诚、正、修、齐、治、平,被世称“治平八目”。这八个“目”其“目”与“目”之间呈依次递进关系，如八个阶梯，因此我们还可称它为“治平八阶”。

上述“八目”讲的是三个阶段的内容：其一是“接触事物获知阶段”，含两个目——“格物”、“致知”；其二是“道德、人格修炼阶段”，含三个目——“诚意”、“正心”、“修身”；其三是“政治活动阶段”，含三个目——“齐家”、“治国”、“平天下”。

上述“八目”中，尤为重要的是“格物”、“致知”、“修身”三个目。“格致”，接触事物，投身实际，了解世界，是“诚”、“正”、“修”、“齐”、“治”、“平”的基础。“修身”更为重要，被称为“八目”中的“本目”。“格”、“致”、“诚”、“正”为“修”服务；“修”，修得好了，才能更好地去做好“齐”、“治”、“平”的工作。

关于“格致”，按宋朱熹的解释是，接触事物，知我之所知，去穷被接触的事理。还说，人有心知，物有事理，只是物的事理没有全部地被人所认知，人的心意没有全部地被利用；又说，对于事物需要“格”，以求对其有“豁然贯通”的理解，进而去理解天下之事物，使我的知得到大用；再说，格致要格太极之知，草木之知，为此要读书，要穷事，要格物。（以上朱熹的话或见朱熹的《补格物传》或《朱子语类》卷十八）

朱熹的话讲得很好，给我们很多启示：

1. 说明事物需要“格”。对事物“格”了，才有对这个事物的认知。你想知道梨的滋味吗？那就请你“格”这个梨。

2. 要深“格”。这里所说的“深”有三个意思：其一，深浅的深，“格”得深，才能对事物获真知，才能“豁然贯通”，“浅尝辄止”不行；其二，是多多的“格”，反复的格，事物是发展的，不断的格，才能认识事物的真谛；其三，是要正确的格，用正确的立场、正确的思想、正确的手段去格，务求所得的知是真知。

3. 要处理好“格物”与“致知”的关系。两者存在着辩证关系，“格物”的“格”是桥，是舟，目的是为了过桥、登舟，“致知”。若不是这样，你的“格”就会胡“格”。但是，反过来，你不注意“知”的方向性，你的“格”也不会格到点子上。

4. 要重视“格”者的自我。我是格物者，是格物的主体，要发挥我的在格物中的主观能动精神，“人之心灵莫不有知”，“天下之物莫不有理”

（上两语均为朱熹语），用我的“人之心灵”之心，去获天下万物“莫不有理”的理。

5. “格致”的主要目的是“修身”，进而最终使之做到“齐家”、“治国”、“平天下”。

三 “知”

孔子说“知”十分精辟。例举三则：其一，“盖有不知而作之者，我无是也。多闻，择其善者而从之，多见而识之，知之次也”（《论语·述而》）。孔子说自己不是“不知而作（没有知识而胡作）”的人，提出要“多闻”、“多见”，“择其善者而从之”。其二，说自己“非生而知之者，好古，敏以求之者也”（《论语·述而》），表示要学而求知。其三，“知之为知之，不知为不知”（《论语·为政》）。孔子这三则语录，告诉我们，学习重要，要多闻多见地学，择善地学，对知要谦谨，要知之为知之，不知为不知。

认知是经过两个阶段的，感知阶段和理知阶段。感知是初知，浅度认知，接触认知。经过仔细观察、分析研究所得之知才成为理性的知。孔子持有上述观点，他说：知要“视其所以，观其所由，察其所安”（《论语·为政》）。这“视”、“观”、“察”说的就是认识论的问题。“视”，看，感性认知；“观”、“察”，分析研究判断，理性认知。

孔子还认为，“知”只有通过“多闻”、“多见”，并把这些见闻所得经过“思”（“学而不思则罔”《论语·为政》的“思”、“九思”《论语·季氏》的“思”），咀嚼消化吸收才能取得。这里孔子说的依然是感性认知与理性认知问题。

想到了“感觉”、“觉悟”这两个词。觉从感来，有感才有觉，悟从觉来，有觉才有悟。外界事物，通过人的感知器官（眼、耳、鼻、舌、身等）传递到心、脑产生感，由心与脑的思考得觉，觉经过心与脑再思考，反复思考得悟，成觉悟。据此，对该事物再实践，再多闻，再多见，再感，再觉，再悟，使认识不断推进。

孔子所说的知有两种，才学之知与哲理之知。

关于才学之知，天地认知之知，山水认知之知，事物认知之知，即知识之知，上面说的基本都属于才学之知问题。

关于哲理之知，就是从哲理、伦理等层面去说知。孔子讲了“知者不惑，仁者不忧，勇者不惧”（这样的话，在《论语》一书中出现了两次，一次在《子罕》中说，一次在《宪问》中说）。这是一个哲理命题的话，也是一个伦理命题的话，通过“知者不惑”等，使人得到修身、入心。

关于“知”，孔子还讲了“三人行，必有我师”（《论语·述而》）那样的话，承认自己不足，需要学习。三人中长我者我要学。其实，孔子这里所讲的“三人”，不见得完全指三人，二人者，一人者我也要学。寸有所长嘛，因为二人、一人中也必有长我之处，凡是长我的我就学，孔子不是还讲过这样的话吗：“不耻下问”（《论语·公冶长》），“每事问”（《论语·八佾》）。这“不耻下问”、“每事问”就是向任何人发问，谁有知，谁懂就问谁，不管他是三人之一，还是二人之一，还是任何的一。

四 关于“中庸”

《中庸》，儒学典籍《四书》之一，据说是孔子的孙子子思著。

“中庸”这个词是孔子说的：“中庸之为德也，其至矣乎，民鲜久矣!”（《论语·雍也》）语意是，“中庸”这个属于崇高道德的东西，人们对它的疏远很久了。孔子不满地说：“君子中庸，小人反中庸。”（《礼记·中庸》）

什么是“中庸”，按宋程颐解释：“不偏之谓中，不易谓之庸。中者，天下之正道，庸者，天下之定理。”是的，可以按照程颐的解释来理解何谓“中庸”。中，不偏不倚；庸，不易，平庸。中庸就是不偏不倚，无过不及，不易平庸。以这样的思想去处理问题，就叫做“中庸”。

关于“中庸”的思想是先于孔子前就有了。孔子在《论语·尧曰》中讲有“允执其中”的话，他是在讲尧让位给舜这件事时用了这个词的，这说明在尧舜那个年代就有中庸这个思想了，舜是凭他的“允执其中”这个品德登上统治宝座的。

“中庸”思想有它的合理一面。

1. 尚中。古人好尚中，周公就尚中，他提倡“中德”，他治法用刑讲“中正”。《周易》尚中，该书讲卦，卦有六个爻组成，其中中爻为第二、五爻（这“二”、“五”其序是按下往上排列而数的），其释词多为吉祥之词。有“中和”一词，《中庸》说：“中也者，天下之大本也；和也者，天下之达道也。致中和，天地位焉，万物育焉。”

2. 尚和。不偏不倚是中，中导致和。礼之用，和为贵。和，和谐，和平，和睦，和蔼，和爱。和是圆，圆圆满满，和和美美。万物相安无事，国泰民安，天下太平。

3. 尚公正。不偏是公，不倚是正，不偏不倚是公正。公正待人，公正待物，公正待一切。于是道义有了，信爱有了，成功也就有了，胜利也就有了。

4. 尚恰当。不偏不倚是恰当。政治上尚恰当，治理有严有宽，政是以和。经济上讲恰当，既讲义又讲利，民是以安。

5. 尚美。不偏不倚处中，中是美的。人体五官、四肢长得不偏不倚，对称匀称，是美。蝴蝶美不美，美，它体态匀称，它图案花纹匀称。

有这样一则故事。一次，孔子弟子子贡求教孔子："师与商也孰贤?"孔子答："师也过，商也不及（是说颛孙师办事过了头，卜商办事却不到位）。"子贡说："然则师愈与?（那么是颛孙师好一些?）"孔子回答："过犹不及。"（《论语·先进》）"过犹不及"，是说做事过了头与赶不上同样不好。

"中庸"也有负面作用。讲"中庸"弄得不好，会给人带来这样误解，把中庸理解为中等。认为中等好，平庸好，不求进取好。鲁迅《华盖集·通讯》说："遇见强者，不敢反抗，便以'中庸'这些话来粉饰，聊以自慰。"现实确有这样的人，"不先不后往前走，跟着大家随大流"。所以，"中庸"这个词，现在就很少有人使用了，提倡"力争上游"。

五 "自强不息"与"厚德载物"

本题题名取自儒学典籍《周易》。前，"自强不息"取自该书的乾卦的"象"，"天行健，君子以自强不息"；后，"厚德载物"取自该书的坤卦的"象"，"地势坤，君子以厚德载物"。

这是两句非常有名的话，它被清华大学汲纳成为该校的校训。

《周易》是奇书，由文字与符号合成的神秘典籍，属儒学《五经》之首书（其他四经是《书》、《诗》、《礼》、《春秋》）。历史上儒、道、释几家都信奉它、推崇它，都称它为本家之学。该书，孔子研究过。《论语·述而》说："加我数年，五十以学《易》，可以无大过矣!"《史记·孔子世家》说："孔子晚而喜《易》……读《易》韦编三绝。"

"自强不息"。该语是为《周易》的六十四卦首卦"乾"卦"象"所作的释。"乾"属阳刚之卦。它告诉我们，做人要做阳刚人，要"自强不息"。

孔子有这样的话："不怨天，不尤人。"（《论语·宪问》）说的就是我们要"自强不息"。

老子讲过这样的话："胜人者有力，自胜者强。"（《老子·三十三章》）是说，我们要自胜，从而达到自强，进而有力胜他人。

韩非子讲过这样的话："此明夫恃人不如自恃也，明于人之为己者不如己之自为也。"是说：明白一个道理，依靠别人不如依靠自己，明白他人在为自己，不如明白自己在为自己。

"自强不息"是前进的真理。此语中的"自"是主体，关键词是"强"。"自""不息"的强了，不休止的强了，不停顿的强了，自己就会不断地前进。

生命是自己的，高搂靠自己爬，前进的路靠自己走。走路有时需要有人搀扶，但最终的走还是靠自己。

"自"是这样的一种东西，归属于"我"，我支配、控制叫它怎样它就会怎样。反之，假如把"恃人"视为第一位的，那就坏了，他人的脸是长的怎么办？脸色是阴的怎么办？若"自恃"，花草自栽，我赏我花，我路我走，正直通畅。

"自"对一个人来说，一生只有一次。活着的人有"自"，人死了，成为物，就没有"自"了。为此必须十分地珍惜这个"自"，自爱，自重，自尊，自强。不要自鄙，自损，自毁，自弃。

人在前进中会遭遇困难，遭遇失败，你据"自强不息"的精神抗争了，困难就会消失，失败会演化为希望。

"自强不息"，强调"自"，用孔子的话来说，就是"不怨天"，"不尤人"，靠自己。靠他人，是被动的，是乞取的。"恃人不如自恃"，果然这样了，“宝剑锋从磨砺出，梅花香自苦寒来”，多好的境界。

请他人帮，接受外援，有时是必要的。不是有这样的话吗？“一个好汉三个帮”。但是求他人帮毕竟是一件求人的事，有很大不确定性，风险性。求己，把自己的命运牢牢地控制在自己手里，多好！

你知道爱迪生吗？家贫困，一生只上过三个月的学，但他自爱，自强，用罕见的热情与努力自我奋斗着，经过千百次的失败，成为美国最有名的发明家，发明电报机、留声机、电灯、电话，平均每15天有一个发明，成“发明大王”。

你知道张海迪吗？5岁多时就是一位高位截瘫者，没有进过学校，童年时靠自强不息学习小学课程、中学课程、大学课程，当上了农村小学老师，当上了农村医生，当上了作家，现在是国家残联负责人。

现在我们说**“厚德载物”**语。该语是《周易》的六十四卦第二卦“坤”卦“象”所作的释。“坤”属阴柔之卦。我们都应该学会阴柔，做一个宽厚敦实善于应用阴柔品德的人。

什么是“厚德载物”呢？像大地那样宽广厚重，像大海那样博大无涯，他托起千钧之德，万吨之物，为社会做善事、服务。

“厚德载物”，应该包含两个方面的内涵，做人要做有内涵、心胸宽广的人，做事要做对社会有贡献的事。

“厚德载物”，是人的一种道德修养，他宽厚，宽厚得如同大地包容万物，他载重，载重千钧万吨之物。他大肚能容天下难容之事，他慈颜常开纳世间可纳之人。他默默工作，苦苦做事，甘受委屈，不计恩怨。能包容他人的错，能体察自己的非。勤勤恳恳为国家、社会做事。

"为政以德"

孔子在《论语·为政》中说："为政以德，譬如北辰，居其所而众星共之。"是说，为政要依靠德来做工作，犹如北斗星高照，其他众多星星就会共同地簇拥它，拥护它。

孔子重视"德"，在《论语》一书中他多次讲"德"。如"道之以德，齐之以礼"（《为政》）等。孔子讲"德"常同"仁"、"义"等那些词联系着说。孔子十分重视"仁"，孔子的德治的最高境界是实行"仁"。关于这，孔子的再传弟子孟子在他的著作《孟子·离娄上》说："不以仁政，不能平治天下。"

百善德为先。今天的我国也主张实行德政，并且赋予新的名词"以德治国"，并同"依法治国"一起作为治国方略实行之，如此做后取得了良好的治国效果。

"德"，道德。道德是对某事物，某行为所持的一个观念，是一种规范，软性地约束人们去做什么，不能做什么。它是调整人们相互关系行为规范的一个总和，是人类社会的一种独特范畴，是由经济关系决定的。它依仗着人内心世界的信念、觉悟、认识以及传统习惯、社会舆论，对社会现象、事物作出判断，判其真伪、善恶、美丑、是非等，然后做出相应的行为举止。但是，需要指出，道德的判别标准不是一成不变的，它会随着社会阶级关系的变化、经济关系的变化、科学关系的变化、文化关系的变化等做出相应变化。如社会出现了克隆技术，人间的道德观念必然会变。

我们要讲三种"德"：社会公德的"德"，讲五爱——爱祖国，爱人民，爱劳动，爱科学，爱护公共财物等；职业道德的"德"，讲爱岗敬业，恪守诚信，服务人民；家庭美德的"德"，提倡父慈子孝，尊老爱幼，夫敬妇爱，男女平等，邻里和睦。

我们讲"为政以德"，还要讲"齐之以刑"。既要讲"以德治国"，还要讲"依法治国"，做到德法互济，恩威并施。

关于“为政以德”问题，讲两位人物，一是当今党的总书记、国家主席胡锦涛，一是国家当今总理温家宝，他们都是积极倡导“以德治国”的人。

胡锦涛同志提出了实行“八荣八耻”的道德号召：“以热爱祖国为荣，以危害祖国为耻；以服务人民为荣，以背离人民为耻；以崇尚科学为荣，以愚昧无知为耻；以辛勤劳动为荣，以好逸恶劳为耻；以团结互助为荣，以损人利己为耻；以诚实守信为荣，以见利忘义为耻；以遵纪守法为荣，以违法乱纪为耻；以艰苦奋斗为荣，以骄奢淫逸为耻。”

2010 年 2 月，温家宝总理在与网友作在线交流时说：“企业家的身上应该流淌着道德的血液”，“对于我们的企业来讲，对于整个社会来讲，道德问题十分重要”，“我们的企业如果只考虑自己的利益，甚至见利忘义，把自己挣的钱建立在别人的痛苦甚至生命上，那是可悲的，也是法律不允许的”。还说：“一个国家的强大和信誉，不仅仅表现在经济的实力，还应该在民族的素质和道德的力量，而且我以为后者比前者更为重要，更为长远。”

让我们祭起“道德力量”的法宝，实行“八荣八耻”，让身上流淌“道德血液”，与实行“依法治国”方针一起，把我们的祖国建设得更加美好。

七 “齐之以刑”

上题讨论“为政以德”，本题对应地讨论“齐之以刑”问题。

"齐之以刑"也是孔子说的，语见《论语·为政》。这话全文这么说："道之以政，齐之以刑，民免而无耻；道之以德，齐之以礼，有耻且格。"从这句话里可以看得很清楚，孔子是主张实行德政的，但也主张实行法政。

看现实，上题说的胡锦涛同志提出"八荣八耻"观念，到今天已有五年多了，在道德建设上取得了很大成绩。但是应该承认，依然有人违反它去做着错事，甚至很严重。比如，有的企业家血管里流淌着严重不道德、伤天害理的血；有的官员，营私舞弊，贪污腐化。这样就必须祭起"法"的宝来处置他们。

从上分析可见，道德力量是需要的，法的力量也是需要的，不能偏废，既要实行"以德治国"政策，也要实行"依法治国"政策。

"法"，法律，是规则，是意志的体现，反映的是统治者的愿望，由国家立法机关按照立法程序制定，具有强制性，他强制地规范着人们的行为，保证着社会秩序正常运转。

在我们国家里，法是人民制定出来的，具有人民性的特点。

法治、德治有相同点，也有相异点。

同：作用对象同，都作用于人；作用目的同，都是为了规范人的行为，规范社会秩序，保证人们生活秩序正常，使社会有序发展。

异：作用效果处异，法治主要触及身，德治治心；手段异，法治是用法约束人，德治用道德教育、约束人；方式异，法治制约人的行为，是他律，治近，德治制约人的是道德、思想，是自觉，是开导，是内治、内律，治远；作用的时限异，法治主要作用在出现犯罪情况后，在处置过程中，德治主要作用于犯罪事实发生前，在日常，在平时；性质异，法治是硬性约束，具有强制性，是刚的约束，德治是软性约束，具有教育性，是柔的约束。

法治的治具有局限性，因为这种治，没有触及人的灵魂，这时就需要德的力量予以补充，进行道德思想的教育；德治也是治，但有不完整性，因为有人就不听你的教育，不吃你的这个软，这样就需要法，就需要刑。

法治、德治是"治"的一个问题两个方面，它常常是结合在一起的，就是说，法中会含着德的内容，如贪污是罪，它内含着人需勤俭教育这样的思想；德中也含法，德将告诉你怎么做是法律允许的，那些是违法的，如遵守公德教育，违反者就是罪。

要讲法，也要讲德，犹如一人有两手，两手都要发挥作用，都要做好它们的工作，该用德的手时用德，该用法的手时用法，这叫德法互济，但我认为主要的还是用以德教育人为好，这叫百事德为先，这叫未雨绸缪，即使在实行法中、刑中，仍然需要进行德的教育，因为德教是根本之教，是灵魂之教。

关于德，儒家思想多有倡导；关于法治，法家思想多有倡导，关于法的问题，我们将在本小书，在讨论《向韩非子学管理》那一部分内容时，还将详细地说。

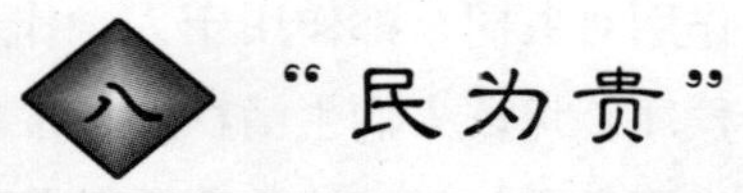

八 “民为贵”

本题题名“民为贵”是孟子的话。话的全文是这样的：**“民为贵，社稷次之，君为轻。”**（《孟子·尽心下》）

《孟子》是儒学典籍《四书》之一，孟子著。孟子，孟轲，是孔子之孙子思的弟子，其学说可谓是孔子思想的嫡传。孔子与孟子常被并列，合称“孔孟”。孟子有“亚圣”之称。孔、孟两人的学说被称为“孔孟之道”。

“民为贵”思想，孔子也讲过，只是讲得没有像孟子那么鲜明罢了，说：“善人为邦百年”（《论语·子路》），孔子所讲的“善人”问题实际就是“善民”问题。

“民为贵，社稷次之，君为轻。”此话讲了三个事物：民、社稷、君。孟子把这三者按其重要性，其排列顺序依次是民、社稷、君。社稷指国家，是无生命体，本身没有思想意志。民、君是生命体，有思想，有意志。把社稷治好、即国家治好，关键是民与君。民是众，国是民的国，有民众才有民之国。君是单体，没有民的帮助，孤家寡人一个，什么事情都做不成。孟子对上述三者的排序非常正确。

让我逐个地讨论这“民”、“社稷”、“君”三方面的事。

1. **“民”**。“民”是社稷（国家）之本，没有“民”，就没有社稷。假如把社稷理解为土地，土地是会有的，但没有民，土地的存在就没有任何意义。有社稷（国家）必然会有“民”，问题是社稷要把“民”真正视作“民”，给民权，给民生。让“民”成为社稷、国家的主人。

2. **“社稷”**。“社”指土神；“稷”指谷神。“社稷”，君主都要祭祀它。后人就因此称“社稷”为国家。“社稷”也可把它理解为土地、疆域。

3. **“君”**。“君”，君主，君王，国家统治者。在逝去的封建时代里，君在不被推翻的情况下是世袭的，占据着统治宝座。绝对地统治着该“社稷”中的“民”，而且具有生杀“民”的权力，君要民死民就得死。

在逝去的封建年代里，孟子能提出“民为贵，社稷次之，君为轻”的口号，实在可贵。

在我们今天的国家里，“社稷”依然有；“君”没有了，取代的是经“民”选举而产生的国家领导人；“民”呢，“民惟邦本”（《尚书》），以人为本，“民”的作用显然。

今天的“君”（借用这个词，指国家领导人）与“民”的关系，是“公仆”与“民”的关系，“公仆”要为“民”全心全意服务。

当然，今天的“君”也有领导“民”建设“社稷”的责任，这也必须全心全意依靠“民”才能做到。孟子讲过这样的话：“桀纣之失天下也，失其民也；失其民者，失其心也。得天下有道：得其民，斯得天下矣。”（《孟子·离娄上》）孟子这句话，讲得也极好。

还想到了《大学》中一句话：“大学之道，在明明德，在亲民，在止于至善。”我们的“君”务必要注意“亲民”，“止于至善”地“亲民”。

今天，我们的国家领导人还响亮地提出这样的治国口号，“以民为本”，就是说做任何事必须处处从民着想，并用“民”的力量建设好国家。

九 “和而不同”

孔子说：“君子和而不同，小人同而不和。”（《论语·子路》）

“和而不同”。“和”，和合、和谐、和睦、和顺。“同”，相同。“和而不同”，是说求和合不求简单的同，这是君子应该追求的处世境界。与之相反，有“同而不和”的话，是说求简单的同不求真正的合，这是小人所追求的境界。

我们追求的是“和而不同”而不是“同而不和”。我们在处理与他人的关系时必须坚持上述这个原则。这个他人的“他”，指的是我国与他国，我人与他人，如朋友、同志、亲人等。“和而不同”，求和合不求一般的同。“同而不和”不好，它只是注意了简单的同，却忘了根本的和。这种“同”，是“同床异梦”的“同”，是“貌合神离”的“同”，是“货不真价不实”的“同”。

在山东曲阜孔庙大成殿上刻写着“中和位育”四个大字。“中和位育”，是儒家的语言，是“和而不同”思想的一种扩展说法。“中和”，个中要讲“和”，中心是“和”，“和为贵”的“和”，“和合”的“和”，“和谐”的“和”，“和睦”的“和”，“和顺”的“和”。为此要“位”，讲秩序，要“育”，要培育，讲进步，以此去达到“和而不同”的目的。

“和而不同”是一种哲理思想，是关于处世、处人、处事的哲理思想与哲理原则。人与人之间是会出现矛盾的，如你对某个问题这么看，我却那么看，就要用“和而不同”的原则处理之。人对事也会出现矛盾，对某事，可这样做，也可那样做，利弊不同，常呈二律背反状态，这样做了对那样不利，那样做了对这样不利。遇到上述情况，也需要用“和而不同”的原则予以解决。

人与人间看问题有不同认识，如对自由主义与平等主义有不同认识，对竞争与公平有不同认识，对经济的发展与稳定的关系有不同认识，对社会观与个人观有不同认识。如何解决这些矛盾，办法很多，如讨论、学习，用正确观点教育之、制约之等。但是讨论中仍有分歧，学习中仍得不到正确看法，这些问题一时又难以得出一个正确解，怎么办？此刻只能求助于“和而不同”的原则了，求一个共同的“和”，存一个小小的“不同”。

有所谓“地球村”一说，地球不大，但人们共同生活在这个小小的宇宙空间里。人们在这个村落里应该互相平等，友好，不管你是大国公民还是小国公民，是富国公民还是穷国公民。但在这个地球村里，国与国之间是会有矛盾的，有矛盾怎么办？打仗不好，欺侮不好，歧视不好，嘲弄不好，只能通过交流，沟通，讨论，商量，平等对话等办法予以解决，其中“和而不同”是极为重要的一个处事原则。

亲人间也会出现矛盾，比如父子间，如做父亲的认为挣钱不易省着用，作子的认为钱不花钱不会来等，有人说这是认识上的代沟，我认为，做父的意见不一定错，那做儿子说的有现代意识。对这样的一些争论如何解决，看来，也得求助于“和而不同”这个思想。

“和而不同”这个观点好，因为它是一帖融合剂，使有分歧的双方感情融合。

十 “夫子之道，忠恕而已矣”

孔子是思想家，在伦理方面讲了很多很多好的话，提出了几十个有关伦理方面的词：忠、孝、悌、慈、友、仁、义、礼、智、信、温、良、恭、俭、让、勇、谦、勤、耻等。我将在本篇以后所写的若干则文字里，择若干个主要伦理概念作讨论，如“五伦”思想，“五常”思想等。

本题讨论“五伦”中第一个“伦”，也是“五伦”中最为重要的一个“伦”——“君臣”问题。

关于“忠”，孔子讲了很多话，他的弟子曾给以归纳说，“夫子之道，忠恕而已矣!”（《论语·里仁》）“忠”，按孔子的观点主要指事君，说：“臣事君以忠。”（《论语·八佾》）

“君”，王，帝。在旧社会里，是国家的最高统治者，至高无上，并神化他说他是天之子，说一不二，国家归他管、民归他治。

“君”对应地有“臣”，有“民”。“臣”、“民”对“君”要忠，忠心耿耿，忠贞不渝。在封建的年代里，臣、民对君，不管君说的做的是对的或是错的，统统都得忠。

有所谓“忠孝难两全”的话，套用之，出现了“忠君与爱国难两全”的话。在逝去的社会里，“忠君与爱国难两全”的事多得很。

笔者认为，国是主要的，国是生我育我的地方，爱国是主要的。

“君”是无道之君，昏浑之君，荒淫之君，卖国之君，在这样的情况下，要是臣却十分爱国，要叫臣死心塌地去忠君就很难做到。这时，忠君与爱国的矛盾就发生了，“难两全”的情况就出现了，最后常常是“爱国的”牺牲在被“忠君”的“君”的手里，忠君的却没有了国；或者，抗了“君”，“君”杀了这个“臣”，爱了国却丢了脑袋。

上述话什么意思，让我举两则例就明白了。一则举“忠了卖国的君却爱不了国”的例，北宋岳飞是位爱国主义者，抗金侵略，他的身上还被刻有“精忠报国”的字，但他也忠君，君却是卖国的，最终他听从了不抗金的君的命令，忠了君，国却丢失了，自己也被奸臣以“莫须有”的罪名处死；一则举“爱了国却遭君的不满被杀”的例，商纣王荒淫，其叔其臣比干爱国规劝，比干的忠言不被纣认同，被纣剖腹死，比干爱国丢了命。

我们说今天。我在上面在讨论“民为贵，社稷次之，君为轻”这个题目时说过，在今天，“君”是没有了，换成了由民众选举出来的国家领导人；“社稷”依然存在；“民”的地位突显，成为国家的主体。

在今天，“忠”的问题依然突出地存在，但不全在“忠”于“君（领导人）”上。今天讲“忠”，首先要“忠”祖国，因为在这块社稷里，有养我育我的山、有养我育我的水，有我的父亲、母亲，同志、朋友，我要百倍爱护她们，就是说，要忠祖国。胡锦涛同志说的关于“八荣八耻”道德修养的话，其中第一个说的荣与耻问题就是忠国与卖国问题。

上说“忠”不全在忠于“君（领导人）”上，意思是说领导人若是真的能代表我人民意志的，我就应该对他忠，服从他的领导，做好我的工作。若不能代表我人民意志的，不执行我民意的，我有权不忠他，甚至罢免他。

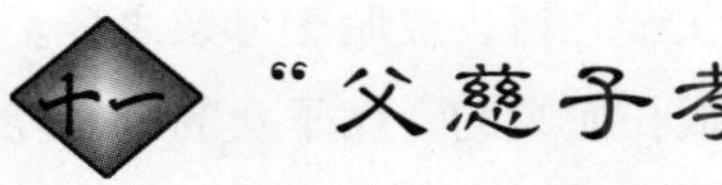

十一 “父慈子孝”

上题讨论的是儒学“五伦”中的首伦“君臣”，本题讨论“五伦”中第二个伦“父（母）子”。第三伦是“夫妻”，第四伦是“兄弟”，第五伦是“朋友”。后面三个伦理关系让我留在稍后逐个地去讨论。

“父（母）子”是人间第一亲情关系，十分重要。有这对亲情关系才派生出来了夫妻、兄弟、祖孙等其他关系。

这对关系有两个方面问题，一是做父母的对待子女要慈，一是做子女的对待父母要孝。

1. 父慈。做父母的对待子女要做两件事：一要养，慈爱的养；二要教，严格的教。孔子说：“临之以庄，则敬；孝慈，则忠。”（《论语·为政》）是说，人做事要庄重，人们就会敬重你。若子女做到了孝，做父母的做到了慈，人们就会对你忠。

父子关系是这样的一种亲情关系，它是为延续人类社会所必须的。这世上，父亲、母亲与子女总是同时而存在的，除非是自然原因或其他原因丧了亲人的。

《左传·昭公二十六年》说："父慈而教，子孝而箴（规劝）。""父慈而教"，是说做父（母）亲的对子女要慈，但还必须教。"子不教，父之过"，教中施以必要的严，做到慈严结合。

做父母的对子女的爱是无私的，终身的。有故事说，一子病入膏肓，子对母说，活人的心脏能治我的病。母二话没说，剖腹取心脏献之，子取母心脏出，不慎摔跤，那被摔出去的母的心脏说话了：儿子你摔痛了吗？这个故事是编造的，但说明一个理：父母之爱是伟大的，是无私的，是真切的。

2. 子孝。孔子、孟子十分重视"孝"。《论语·学而》说："君子务本，本立而道生。孝弟也者，其为人之本欤！"《孟子·离娄上》说："天下之本在国，国之本在家，家之本在身。"这里所说的"身"，就是要修身，修身的第一个问题就是"孝"。

人受胎于父亲之精，成胎于母亲之怀。人呱呱坠地后，是其父亲、母亲含辛茹苦抚育成长而大的。做子女的怎么能不孝顺父母呢？

上说，"孝"是绵延人类的需要，觉得这一点说的似乎还不够，广义地说，这也是绵延任何物种的需要。有了"孝"，有了"慈"，天才不老，地才不荒，人类社会才能永远长存，自然世界才能永远长存。《孝经·三才》说得好："孝"，"天之经也，地之义也，人之行也。"我们必须讲"孝"。

现在问题是什么是"孝"？儒学中没有给出确定的答案。我查阅了众多的现代辞书，基本答案是"善事父母"。

"善事父母"，根据《论语》及其他著名儒学经典的阐述，我概括为六个方面：（1）赡养父母。《论语·为政》说："今之孝者，是谓能养。"（2）敬重父母。《论语·为政》说："至于犬马，皆能有养，不敬，何以别乎？"（3）用爱心讨得父母高兴。《礼记·内则》说："孝子之养老也，乐其心。"（4）规劝父母不做错事。如上引的《左传·昭公二十六年》上的话："子孝而箴。"（5）不做有损父母声誉的事。《论语·为政》记述，"孟懿子问孝？子曰：'无违'"。（6）不做伤及父母给的己身健康的事。《孟子·离娄下》说："不顾父母之养……好勇斗狠……不孝也。"

现实，对孝有做得十分突出的人。江苏12岁男孩邵帅是其中一，母亲患白血病在北京治病，邵帅为了救治母亲，2010 年从江苏休学来京为母献骨髓，在与其母骨髓配型成功后，他和他的母亲做了骨髓移植手术成功，使母得救。

但是，在我们的社会中，也有对自己的父母不尽孝道的。有不赡养父母的，甚至虐待父母的，还有见父母死不救的，还有父母死后不理的等，十分不应该，应该把他们绑到道德法庭上严厉地审判之，用重重棍棒鞭笞之才对。

十二 仁者，“爱人”

下面我们将就儒学的“五常”思想，即仁、义、礼、智、信思想作逐个讨论。本题讨论“仁”。

“仁”是“五常”的首“常”。

上面，我在讨论“为政以德”这个题时说过，孔子实行“为政以德”是以实行“仁政”为核心的。

孔子十分重视“仁”，在《论语》一书中，109 次说“仁”。所以，《吕氏春秋·不二》说：“孔子贵仁。”

“仁”是孔子的哲学、政治学、经济学、社会学、道德学、伦理学、管理学等的思想基础。假如国家真的实行仁政了，按孟子说法：就可以“王”，就可以“莫能御”（原话见《孟子·公孙丑上》，原话这么说：“行仁政而王，莫之能御也”）。

什么是“仁”？孔子给出的答案无数，最负盛名的是：仁者，“爱人”（《论语·颜渊》）。这话，是孔子在回答弟子樊迟的提问什么是“仁”？孔子作这样回答的。

仁者，“爱人”的“仁”，按《说文解字》许慎的解释：“仁，亲也。”我做这样解释，“仁”的构字是有“人”与“二”为字素组成，这就说明这样一个理，人与人之间需要仁，二个人以上的人间需要亲，需要爱。

社会是有人组成的，有人必然有人与人的关系。在处理人与人的关系时，彼此相骂不好，彼此打架不好，彼此白眼不好，彼此不理不好。还是亲好，爱好，友善好，互相帮助好。假如果然这样了，人际得幸福，社会得和谐，天下就太平。

仁者，“爱人”，还体现这样一个思想，孔子重视人，民为贵，做工作要以“人本”为原则去做。

“仁”，孔子还有这样一种解释：“己欲立而立人，己欲达而达人。”（《论语·雍也》）是说，自己想要创立的事，就帮助他人创立之；自己想实现的事，就帮助他人实现之。用这样的精神，这样的良好的道德风尚，去建设社会，去建立良好的人际关系，做到人人立，人人达。

“仁”，还做这样解释。孔子说：“己所不欲，勿施于人。”（《论语·颜渊》）在《论语·卫灵公》中也写有这样的话。这话提倡做人要做善人，做善事，不把自己不想做的事强施给他人。比如，你希望快乐，不喜欢痛苦，那你把快乐给人，不把苦痛给人。又如，你行商，你讨厌假冒伪劣，那么你在行商中就不要去搞假冒伪劣。这句话，西方的商人就十分重视，把它视为经商的“黄金法则”，“人民行为的伟大法则”，人类的“永恒的法则”，是“无法抗拒的力量”，是“金字塔的最高点”，认为若执行了这个“终身行之有效”的法则，那么经商就掌握了自己的命运，做到经营不败。“己所不欲，勿施于人”，还曾被写入世界人权宣言中。

读了孔子关于仁问题种种解释，我们就应该这样说，好，那就让我们爱人吧！欲立立人，欲达达人吧！己所不欲，勿施于人吧！

“君子义以为上”

“君子义以为上”（《论语·阳货》），意思是“义”是君子必须具备的首位素质。孔子讲了这句话后接着说：“君子有勇而无义为乱，小人有勇而无义为盗。”是说，人若是只知道勇不知道义那就会成为乱人、强盗。在这里，孔子强调了“义”的重要性。

“义”，是儒学“五常”中第二个“常”。

“义”是一个含义十分宽泛的词，前缀有这样的词：“道义”、“仁义”、“礼义”等，后缀有这样的词：“义行”、“义举”、“义气”等，还有所谓“仗义执言”、“义愤填膺”、“义无反顾”、“义不容辞”、“义形于色”等话。

“义”作最大众化的解，作“道义”讲。常与“仁”、“礼”等词连着用。孔子名言“朝闻道，夕死可矣”（《论语·里仁》），这里所说的“道”就是指“道义”的“道”与“义”。

孔子们所讲的“道义”有些是封建的，如什么“三常四德”等，在今天没有任何存在价值，应予摒弃。但就为人处世来说，“义”经过全新的阐释后这个词还是要的，我们需要讲社会主义“道义”。若是这样的话，那么上面所说的“仗义执言”、“义愤填膺”等那些话仍然有意义。

我们现在的制度是社会主义制度，我们今天讲“义”就要讲社会主义的“义”。如讲现代化建设的“义”，改革开放的“义”。讲让我们的国家政治上昌明起来的“义”，经济上强大起来的“义”，文化上繁荣起来的“义”。孔子不是有这样的话吗？“朝闻道，夕死可矣！”我们所说的、所追求的“道”与“义”就是如上所述的那样“道”与“义”，即社会主义的“道义”。

下面我再引用孔子一句很有名、很重要的有关“义”的话：“见得思义”（《论语·季氏》）以作讨论。那是孔子在讲为人品德应该具备九个“思”（“视思明、听思聪、色思温、貌思恭、言思忠、事视敬、疑思问、忿明难、见得思义”）的问题时说的。

“见得思义”，“得”，利益所得。“见得思义”就是“见利思义”。其实，关于“见利思义”这样的话，孔子也讲过，那是在《论语·宪问》中说的。在“见利思义”这句话中，孔子把“义”放在首要的位置上去说，“利”放在从的位置上去说，在孔子的心目中，“义”的重要性要大于“利”。

关于“义”与“利”问题，孔子还讲了两段很有名的话：“君子喻于义，小人喻于利”（《论语·里仁》），“富而可求也，虽执鞭之士，吾亦为之”（《论语·述而》）。这就奇怪了，孔子既说君子喻义，又说我要追求富，而且为求富居然还可以去当执鞭之士，这该作如何解释呢？

应该这样认识：义与利是对立而存在的。义存在于利中，利也存在于义中。讲义不忘利，讲利不忘义。义与利虽然有矛盾，但可以统一，如作上述那样处理，既讲义，又讲利，见利思义，见义又考虑利，矛盾就可以化解。

但必须强调一点，在义、利相较中，在义、利发生矛盾时，解决之，必须把义放在首位考虑，让利服从于义，用孔子的话说，就是“见得思义”、“见利思义”。

关于利与义的关系，想到了美国富人洛克菲勒的事，他立有家规：（1）富而不污，拥有大量钱财但不被铜臭所染，不让心蒙尘。（2）富而有义，富而不骄，决不做一掷千金，沽名钓誉的事，拿出钱来做善事。（3）富而有志，有了钱，不茫然，不麻木，不放纵。

最后，让我引用孔子两段话，以结束本题的讨论：“不义而富且贵，于我如浮云”（《论语·述而》），“富与贵是人之所欲也，不以其道得之，不处也；贫与贱，是人之所恶也，不以其道得（有人说，该字应为‘去’字，作摆脱讲）之，不去也。”（《论语·里仁》）让我们在行为中如孔子言既讲“义”又讲“利”。

十四 “不学礼，无以立”

“不学礼，无以立”，语出《论语·学而》。此话语意清晰，不需做任何解释，是说“礼”的问题重要。关于这样的话，在《论语》一书中多见。在该书中凡见到“礼”字的四十三章次，七十五处。例举两则：“礼之用，和为贵”（《论语·学而》），“恭近于礼，远耻辱也”（《论语·学而》）。由此孔子主张在治国中要“齐之以礼”（《论语·为政》），“约之以礼”（《论语·雍也》），“为国以礼”（《论语·先进》）。

“礼”是“五常”中的第三个“常”。

“礼”，礼貌、礼节、礼仪。“礼”这个东西历史上从来就有。原始的、本体的礼是没有阶级性的。是因为后来使用礼的人有了阶级性，使这个礼也有了阶级性。

孔子讲礼，讲君君，臣臣，父父，子子，有极严格的等级森严性。那是封建的，是糟粕，必须摒弃。但是作为人的“礼”，如礼貌、礼节、礼仪，若给予了正确的阐释，却是有用的抛弃不得。

“礼”是一种“伦理”，是一种“道德”。人与人间要讲“礼”，你待我以礼，我还之以礼，这叫“礼尚往来”，叫“来而不往非礼也”。

正确的“礼”是个好东西，是亲密人与人关系的手段，是处事的准则。有了“礼”人际就美好了，比如，你能对他人真诚地讲如下十二个字：“你好、再见、谢谢、对不起、没关系”，这必然使人际关系矛盾少起来，彼此关系融洽起来。

人的一生是从“礼”上走过来的。生日有礼，满月有礼，周岁有礼。童年、少年、上学、毕业有礼。结婚了有礼。进入老年、病、死都有礼。有客来了，礼待之，茶水请之，美酒敬之。你到他人处去，他人热情接待你是礼。

“礼”有的是约定俗成的，有的是国家、社会规定的。

“礼”有如下特点：其一，是维系社会秩序的工具，维系着人际和睦关系，你的，我的，他的都讲了“礼”，而且这个“礼”是正确的，社会就进步；其二，是规范，规范人们行为，不越轨，如右侧行；其三，是一种仁爱，礼是服务于仁的，仁了，爱人了，社会就会有爱心；其四，是和谐，“礼之用，和为贵”，礼有了，和谐也就有了；其五，是秩序，你上街右行，你购物排队规规矩矩，秩序井然；其六，是温馨，己欲立立人，己欲达达人，彼此和睦、亲爱。

要做好三个方面的“礼”的工作：一是家庭讲礼，孝敬父母，尊敬老人，夫妇互敬，对子女讲爱，讲勤俭，讲文明，处理好家庭的婚丧大事等；二是工作讲礼，人的大半辈子是在工作中度过的，搞好工作中的礼十分重要，在工作中要讲工作之礼，有礼貌地对待上级，有礼貌地对待同事、下属，与他们搞好团结，做事兢兢业业；三是社交讲礼，与社会上他人搞好关系，谦逊地对待自己，勤恳地对待他人，哪怕对方态度很不好，也要礼让之。

我们中国有礼仪之邦的美称，让我们国家发扬多礼的好传统。

十五 “民无信不立”

“信”是儒学“五常”中的第五个“常”。关于“五常”中的第四个“常”——“智”，因为在前面在讨论“知”的问题时已有所讨论，这里略。

“信”，言行一致，诚实不假。

“信”犹如一把尺子，无英制、市制或其他制的差别，只有一种制，“公”的制。任何人，或官，或民，或高贵者，或低微者，或国人，或老外，统统被这把“公”的尺子度量着，或者你是位诚信的人，或是个虚假者。

孔子提倡“信”。在《论语》一书中讲了不少有关“信”的话。列数几则：“谨而信”（《论语·学而》），“敬事而信”（同上），“与朋友交，言而有信”（同上）。

孔子还这样来描述“信”的重要意义：“民无信不立”（《论语·颜渊》），“人而无信，不知其可也”（《论语·为政》）。上述第一句话，还隐藏着这样的一则故事：一次，孔子弟子子贡问孔子，有三件事，一是“足食”（丰饶的食物），一是“足兵”（充足的军力），一是“民信”（人民的信任），三者不可得兼，只能保留其中一，什么事最为重要？孔子答：先去“兵”，再去“食”，最后保留“信”。孔子在讲了这些话后，说了“自古皆有死，民无信不立”的话。

孔子还这样说：“信则任人焉。”（《论语·阳货》）认为，“信”是当领导的为做好工作必须要做好的一项工作。认为：“上好信，则民不敢不用情。”（《论语·子路》）

“上好信，则民不敢不用情”，历史上这样例征很多很多。战国时期，商鞅变法、吴起变法，移木为信，使变革成，使作战胜。三国时期，诸葛亮在五次北伐中，与司马懿战，为节省兵力，诸葛亮把20万的兵，一分为二，轮流作战，一次，轮流期到了，却遇敌人猛攻，怎么办？继续实行轮换作战制度否？诸葛亮坚持实行“以信为本”之略，照旧轮换不误，感动得在战的战士泪沾巾愿意继续留下战，战中，战士个个英勇杀敌，最后败敌。

“信”是人特有的一种品德，但只归属于有道德修养的人，直立的人。直立的人的言是信，歪立的人讲话没有信，畜生讲话没有信。

“信”好，人“信”了，按孔子说法该人就“立”了。美国著名篮球运动员迈克尔·乔丹，是NBA公认的公牛队篮球明星，但他的工资比他的同行低数百万美元之多，但他守信不要求涨、不接受公牛队老板要为他涨工资而修改合同。他在为可口可乐公司做广告期间，他坚决不喝其他公司品牌的饮料，也不让家里其他人喝，有一家饮料公司要为他母亲做该公司品牌饮料广告，他也坚决不同意，说这样为影响可口可乐公司的生意。

上例说的是国外的例，举一则国内新近发生的事。孙水林是湖北黄陂区的一位建筑商，2010 年春节前，为了抢在大雪封路前给已经回武汉的农民工发工钱，孙连夜从天津驾车回家，一家五口不幸在途中发生车祸遇难。他的弟弟孙东林，为替哥哥完成“信”的遗愿，于大年三十前一天，驱车 15 个小时，赶回老家，将 336 万元的工钱全部发放到 60 多名农民工手里。做到了新年不欠旧年债，人死不欠活人债，今生不欠来生债，人死债不烂，实现了可贵可敬的“信”的生死接力。

假如你是个企业家，你知道有这样一句成语吗：“一诺千金”，只要你也讲“信”了，你就会有“千金”的进账，你的企业就有可能财通四海，富贯八方。

“信”是为人之本，为事业之本，让我们讲“信”。

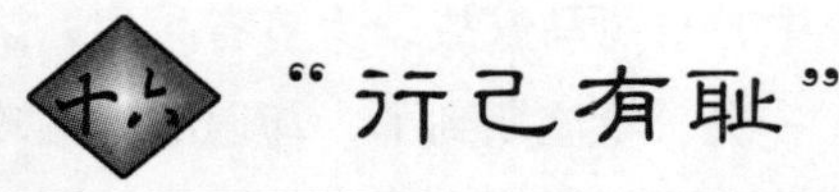

十六 “行己有耻”

孔子讲“耻”讲得很多，最著名的就是本题题名所说的话。那是孔子在回答他弟子子贡的所问“怎样的人才配得上称之为‘士’”时，他答了“行己有耻”的话。认为，能用“耻”作为标准来要求人的，这样的人才配得上称为“士”。（语见《论语·子路》）

孔子还说：“道之以德，齐之以礼，有耻且格。”（《论语·为政》）是说，用道来治理百姓，用礼来约束百姓，百姓就会知道当他做了错事、坏事后感到羞耻，并纠正之。

孔子还有这样的话："恭近于礼，远耻辱也。"（《论语·学而》）。在这段话里，孔子讲得明白，"礼"是衡量有耻无耻的标准。离"礼"越远，离"耻"越近，离"礼"越近，离"耻"越远。

研究一下"耻"字的构成。"耻"，耳旁，人们羞人时有刮该人耳朵的做法，这个动作就含有耻的意思，所以"耻"字从"耳"旁。另，"耻"的另一边旁是"止"字，这个"止"字也可写作"心"，这说明着"耻"与心相关。"耻"归属于心，是心的"耻"。

孟子有这样的一句话："人不可以无耻。无耻之耻，无耻矣。"（《孟子·尽心上》）孟子这话讲得深刻，认为人是不能无耻的，无耻的人还自以为没有无耻，这样的人是无耻到透顶的了。

《列子·说符》还说过这样的话："使教明于上，化行于下。民有耻心，则何盗之为。"是说，上对下要教，使民明白道理，使民有耻心，果然是这样的话，那么社会上还会出现盗窃的事吗？

战国时期齐国著名政治家管仲在他的著作《牧民》中有名句说："礼义廉耻，国之四维，四维不张，国乃灭亡。"此话把"礼"、"义"、"廉"、"耻"说成是国家的四个治国维度，四个维度中的任何一个维度张不起来，国家就亡。

是的，人应该有羞耻之心。假如你是个正常的人，假如你做了错事，你的脸就会红起来，头就会低下来，羞耻的感情就会涌上心来，表示要"有耻且格"，这是正常、正确的行为。相反，你做了不良的事，却毫无羞耻之心，脸不变色心不跳，该人必然犯病了，赶紧进道德医院请大夫诊治才对。

还有另一种"耻"，不是由于自己犯错所致的，是他人强加给我的，比如敌国侵略我们，使我蒙受耻辱，在这样的情况下，我就要唱岳飞的《满江红》"靖康耻，犹未雪；臣子恨，何时灭"，就要唱《义勇军进行曲》等歌曲。

最后，让我再就"廉耻"的"廉"字说几句话。

"廉"，清正，清白，俭朴干净。假如你是个官，你就应该是当一个一身正气、两袖清风的官。东汉会稽太守刘宠，政绩卓著，清廉，家贫。离任时，当地百姓委请若干年长者各携百文钱赠刘宠，以示敬与慰，刘婉谢不得的情况下，无奈收取每人一文钱，因此，刘有“一文太守”美誉。刘与年长者分手后，刘把收到的钱，一文一文地投入清澈见底的江中，因此此江被称为“钱江”，有百姓还为他建了一座庙称“钱太守庙”。为官就要当刘宠那样的清官。

假如你为官不廉，干贪污之事，做贿赂勾当，攫不义之财，成可耻“贪官”，众人必唾之，并必将遭法网收拾。

应该严肃指出，在我们昌明的国度里，仍有“贪官”之徒，且不少。2009年9月2日，南都网一段采访视频吸引了很多网民的注意。有一媒体采访广州一小学一位一年级女生，该生竟天真地说：“将来想当贪官，因为贪官有很多东西。”可怕的这个天真回答！为此，我们必须强化治廉力度，强化道德教育。

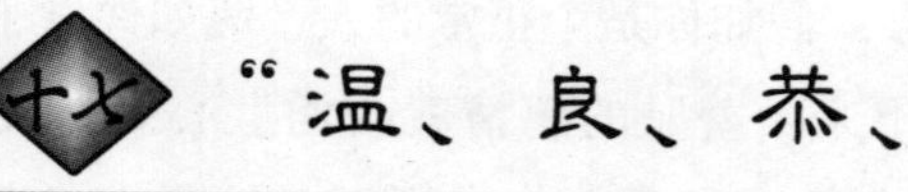

十七 “温、良、恭、俭、让”

孔子弟子子贡说其老师孔子是位有“温、良、恭、俭、让”品德的人。（《论语·学而》）让我们研究“温、良、恭、俭、让”这些词。

1. “温”。“温”，温和，温顺，温文尔雅。孔子是一位讲“温”的人。据《论语·述而》说，孔子平时“温而厉，温而不猛，恭而安。”孔子说，为人要有“九思”（《论语·季氏》）的品德。这“九思”中的第三个“思”就是“色思温”。孔子弟子子夏说君子的神态是：“望之俨（恭敬）然，即之也温，听其言也厉。”（《论语·子张》）

2. “良”。“良”，善良、正直、优良、美好。做人要做善良的人，不做邪恶的人。

3. “恭”。“恭”，恭敬。孔子要求为人必须“貌思恭”（《论语·季氏》），“居处恭”（《论语·子路》）。孔子本人就是一位十分注意“恭”的人，他“恭而安”（《论语·述而》）。孔子认为实行“恭”品德的人是为了达到“仁”不可缺少的一种态度。他说：“能行五者（恭、宽、信、敏、惠）于天下，为仁矣。”（《论语·阳货》）还认为，“恭”必须服从于“礼”，说“恭而无礼则劳”（《论语·泰伯》）。关于这，孔子的后学，如孟子继承发展了孔子的这个思想。孟子就有这样的话：“恭敬之心，人皆有之”，“恭敬之心，礼也”。（《孟子·告子下》）

我认为一个人应该有“恭”的品德，还必须有“谦”的品德，既对人恭敬，又对人谦和，成为“谦恭”之人。孔子也主张“谦”，据《周易·系辞上》，孔子讲过这样的话：“劳而不伐（自夸），有功而不德；厚之至也。语以其功下人者也。德言盛。礼言恭。谦也者，致恭以存其位者也。”这句话的后半句的意思是，谦逊的人，恭敬他人才能保住其高尚的位置。

从上述可见，我们的人必须有恭敬之心待人讲礼，还必须有谦和之心待人讲诚，不自伐，满招损，谦受益。

4. “俭”。“俭”，俭朴，俭约。《论语·述而》说：“奢而不孙（顺），俭则固（简陋），与其不孙也，宁固。”《论语·八佾》说：“礼，与其奢也，宁俭。”孔子提倡俭，一生实行俭。“俭”确实是很重要的，一个人若做到了俭，心地就会纯净起来，身子就会干净起来，不玷不污。三国著名政治家诸葛亮写了一封十分有名的《诫子书》，内说：“静以修身，俭以养德，非淡泊无以明志，非宁静无以致远”，提倡“俭”。

我们讲了“俭”，联想到了另一个词“勤”。“勤”与“俭”是“姐妹花”，讲“勤”的人必然注意“俭”，知道一粥一饭，一丝一缕来之不易；反过来，同理，讲“俭”的人，也必然会更加勤奋地去工作。

5. “让”。“让”，礼让，谦让。《论语》中有一篇叫《泰伯》的，在该篇文字里，孔子首段的话讲的就是一则关于“礼让”的话。孔子的话中内含一则故事：说周朝君主祖先泰伯把王位让给了他的三弟季历（周文王的父亲），自己则与他的二弟一起避居去了吴国。孔子的话就是据此而讲的。

该话高度评价了泰伯这个人："泰伯，其可谓至德也已矣。三以天下让，民无得而称焉。""让"，是一种高尚的道德行为，让我们学会谦让、礼让。

十八 "夫和妻柔"与"兄友弟顺"

从本题开始，在以下两题，继续就第十一题后所讨论的"五伦"问题。本题讨论"五伦"中的第四、五伦的"夫妻"之伦，"夫和妻柔"；"兄弟"之伦，"兄友弟顺"。

"夫和妻柔"。阴阳和后而雨泽成，夫妇和后而家道成。处理好夫妻关系是处理好家道关系的基础，是齐家的一个重要内容。

"夫和妻柔"是《左传·昭公二十六年》中的话。原话这么说："夫和而义（有道义），妻柔而正（举止正）。"这话对夫妇双方各自提出了道德要求，说明夫妻间是平等的关系，和谐的关系。

受到孔子重视的《诗》的《小雅·棠棣》写有这样的话："妻子好合，如鼓瑟琴。"孔子熟读过的《周易》，在《系辞》中有这样的话："二人同心，其利断金。"这些话，都是说夫妻关系的，说夫妻关系重要，如同瑟琴那样和谐，从而达到"其利断金"的效果。

古人在夫妇关系方面有做得好的，汉有梁鸿、孟光举案齐眉、相敬如宾的故事，后汉有宋弘对待妻子"贫贱之交不可忘，糟糠之妻不下堂"的故事。

阴阳合成夫妻，夫妻合成家庭。夫妻应该合。夫妻合，共顶事业一片天，共踩家庭一块地。风雨同舟，共创事业、家庭新局面。在事业上，女的要做男的“贤内助”，男的也要女的“贤内助”。在家事上共同赡养老人，共同抚育子女，共享家庭幸福，共同克服家庭困难，共同营造家庭温暖。

在我们的社会里，众多夫妻相亲相爱，和和美美，这是主要的。但也有不和谐的，有男欺侮女的，有闹第三者的，有闹婚外情的，男的有“小秘”、“包二奶”的。现在的人闹离婚的甚多，对离婚要作分析，有些属感情不和，这样的离婚可以理解。有些是因为有第三者插足等所造成的，应予鞭笞。因感情破裂离婚不能说它不是好事，但它毕竟不是一件愉快事，应尽量避免。

“兄友弟顺”。有一个字叫“悌”，是指弟敬爱哥的意思，我把它理解为兄弟互敬。儒学中强调这个字、词。孔子讲“悌”把它与“孝”连用，如说：“入则孝，出则弟（通‘悌’）。”（《论语·学而》）孔子弟子有若说：“孝弟也者，其为人之本与！”（《论语·学而》）孟子说：“尧、舜之道，孝弟而已矣！”（《孟子·告子下》）

本题说的“兄友弟顺”，内含姐妹关系，确切地说，是指一切兄弟姐妹关系。

从家庭伦理说，属有血统关系的，至亲的，除了“父子”这对关系外，就数“兄弟”这对关系亲了。他们之间之亲属同胞之亲，手足之亲。

古人“悌”做得最出名的是汉代的孔融，他有兄弟七人，他排行六。一次他与兄弟们一起吃梨，总挑小的吃，认为我年纪小，我就应该吃小的，这就是著名的孔融让梨的故事。古人也有做得很不好的，最出名的是，三国时期，曹丕为杀弟弟曹植，逼迫弟弟七步成诗的事。

“悌”今日仍然显得十分重要。世间最难得者是兄弟。亲不亲，同胞亲；情不情，手足情。家有困难时，需要找人帮助，首先想到的还是找兄弟。

在现实，存在有兄弟反目的事，多由三个原因所致，或权欲争，或经济纠纷争，或观念意见分歧争。有争不奇怪，互让互爱，矛盾是可以解决的。需要指出，兄弟闹矛盾，其配偶一方，常常起着很不好的作用。所以，笔者认为，在化解兄弟矛盾中，做妻子（或丈夫）的要向其丈夫（或妻子）应该在枕边多吹些和谐风才对。

“朋友信”与“师生谊”

关于“朋友信”。

“朋友”是儒学“五伦”中第五个伦理。

在2008年北京奥运会开幕式上，鸟巢上空响起了朗诵的孔子名句“有朋自远方来，不亦乐乎……”（《论语·学而》）这说的就是关于“朋友”方面的事。

孔子还有这样的话：“老者安之，朋友信之，少者怀之。”（《论语·公冶长》）是说朋友要讲信。

何谓朋友，《周礼·地官·大司徒》说，“五曰联朋友”。郑玄注说，“同师曰朋，同志曰友”。我理解，朋友是外人，不是亲属，却感情亲，是亲近的外人。

人可能没有兄弟，但不可能没有朋友。人人都会有朋友。没有朋友，孤苦伶仃，孤家寡人，是生活不下去的。

一个篱笆三个桩，一个好汉三个帮，人需要朋友。

兄弟好，有时朋友比兄弟还好。《诗·小雅·常棣》说：“虽有兄弟，不如友生。”

兄弟是父母生的，朋友是自己择的。要择好朋友与之交，要培育自己的知心之友，莫逆之友，忘年交，同甘苦、共患难。

好友金不换。好友能帮你做学问；帮你渡难关；帮你想问题；帮你出主意。你悲哀了，他陪着你悲哀；你高兴了，他陪着你高兴；你做了错事，他帮助你纠正错误；你固执己见，他劝解你纠你的错；你的事业成功了，或家里有了喜事，他与你同庆。

朋友是交的。要交善友，交信友，拒交狐朋，不交狗友、歪友、酒肉友。要交管鲍那样的友，交俞伯牙、钟子期那样的友。关于这，孔子说：“与朋友交而不信乎？”（《论语·学而》）朋友有错，你应该帮助他，孔子说：“忠告而善道之。”（《论语·颜渊》）

关于“**师生谊**”。

“师生”是又一对重要的伦理关系，但不属于“五伦”范畴。

孔子是老师，是中国第一位最著名的老师。孔子有弟子三千，贤人七十二。孔子学生颜渊、子贡等人夸奖孔子说他是“仰之弥高，钻之弥坚”，“博我以文，约我以礼”的人。后人称孔子为“万世师表”、“至圣先师”。

教师是个伟大的职业，阳光职业。这个职业专门利人而不利己，属蜡烛职业，燃烧自己，照亮他人。教师有被称之为灵魂工程师的，受到人们的尊重，呼教师为老师、先生。

教师在教学岗位上传道、授业、解惑、启智，让学生得道，获知，成人才。人的成长离不开教师给予的教。

现在说学生，学生是对应教师而存在的群体。有教师必然有学生，同理，有学生也必然有教师。在教学活动中，教师起着主导作用，他主宰着教学中教学质量、水平、效果的高或低。但学生也十分重要，他是否学习努力，是否刻苦钻研，决定着学习成果的大小。

在师生这对伦理关系中，教师要爱学生，爱生如子似的爱，要好好地教，实行教学相长的教；学生对教师要敬，敬师如敬父，要努力、要刻苦、要深入钻研地学。

二十 “有教无类”

孔子是教育家，在他以前，在我国是没有任何形式的教学组织的。他设坛讲学，成为我国有史以来第一家私学，从此我国才有了具有学校性质的教学组织形式。

孔子，这位教育家，在他的一生中讲了很多关于教与学方面的话，很精辟，很正确，很有名。让我介绍孔子的这些话。

先说孔子关于关于“教”方面的话，甚多，列数若干：“有教无类”（《论语·卫灵公》）；“循循善诱”（《论语·子罕》）；“不愤（苦思冥想）不启，不悱（想说但又不能恰当地说出来）不发”（《论语·述而》）；“学而不厌，诲人不倦”（《论语·述而》）等。此外还有“因材施教”的教学思想，“教学相长”的教学思想等。

在本题将选择“有教无类”、“循循善诱”两题作讨论。在下题，拟就“因材施教”、“教学相长”两题作讨论。

“有教无类”。是说，凡是愿意学的，我都要好好地给予教，而不管他身份如何，是否有钱等。这是一个非常正确的观点。教，可以使人懂仁，懂义，懂礼，懂智，懂信，使人知书明理，使人聪明，使人长学问。没有生而知之的人，只有教而知之、学而知之的人。有权有势的人需要教，无权无势的人也需要教。有钱人家的人需要教，无钱人家的人也要接受教；年轻人要教，老年人也要教，总之，你想学习吗？想学，不管你是什么人，我就教。

这个思想处在今天显得更有意义了。现在是社会主义时代，实行全民义务教学制，人人需要知，人人需要教。现在提倡实行终身教学，活到老，学到老。现在是知识经济时代，知的重要性更突出，更需要有教无类。

“有教无类”，通过教，让知识遍及社会上男男女女，老老少少，假如是这样了，普天下的人懂礼仪，懂知识，有学问，那多好。

“有教无类”，作为教学原则，值得大大推广、实行。

“循循善诱”。这是一句讲教学规律、学习规律的话。教人学理，学知识要一步一步地教。学知识，做学问，要一步一步地学与做。而且，在一步一步地教、学过程中，总是先教、先学浅显的、简单的，然后一步一步深化，乃至掌握十分深奥的知识。

其实，上述话，其真理性是普遍的。迈步总是先跨出这一步，再跨出另一步，一步一步来，不能并足走。老子说过这样的话：“图难于其易，为大于其细；天下难事必作于易，天下大事必作于细。”（《老子·六十三章》）

先懂浅显的知识，才有可能懂深奥知识。学一万个字，必从学“一”字开始，学一千个算，必从做“一加一”等于“二”起算。做学问、学知识，不能搞突击，不能搞跳跃，不能搞胁从，不能搞勉强。要“善”，在“善”字上做文章；要“循”，在“循”字上下工夫。积跬步才能至千里，集小流才能成江海。

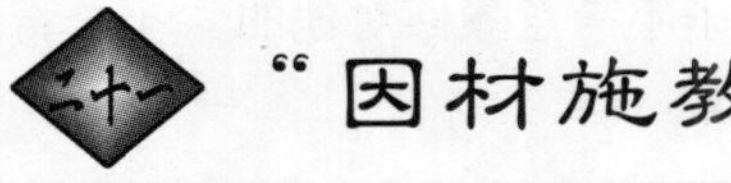

二十一 “因材施教”

继续上题的讨论。

“因材施教”，此话不是孔子说的，但却是孔子的教学思想的一个内容。

“因材施教”，这句话是孔子后的儒生们据孔子思想给予概括而成。孔子讲过这样的话：“中人以上，可以语上也；中人以下，不可以语上也。”（《论语·雍也》）语意是，素质在中等以上水平的，可以给他讲高深的学问；素质在中等水平以下的，不可以给他讲高深的学问。据此，宋儒朱熹说：“孔子教人，各因其材。”

“因材施教”，是说教学要根据受教学者的不同智力、不同喜好、不同水平、不同习惯等而教，不搞统一式，不搞固定式，不搞僵死式。

“因材施教”是有的放矢的教学。人有知识天分高低不同，有的人有当科学家的天分，有的人有当艺术家的天分；人有学习喜好不同，有的喜欢这个，有的喜欢那个；人有学习习惯不同，有的学习习惯好，有的不好；在学习中人有努力程度的区别，有的刻苦，有的不够努力，如此等等，这样在教学中必须据情而教。

每人有每人的才，除非是傻子、白痴。“天生我材必有用”，没有教不好的学生，只有不会因材施教的老师。教学的关键是把每位学生的内含的潜光点、内在优点发现出来，然后进行有的放矢的教。

当然，我在这里讲“因材施教”，不是说非把某人培养成什么家不可，只是说对学生要作针对性的教，是大材的给以栋梁之材之教，是小材的给以作其他器具之用之教。

“因材施教”，就是把我们的人培养成对国家有用的人

“教学相长”，此话也不是孔子说的，但却是孔子的一个重要的教学思想。

《论语》中有这么几段话是讲关于教学相长的：“后生可畏，焉知来者之不如今也。”（《子罕》）“当仁不让于师”（《卫灵公》），颜回是孔子的得意门生，但孔子不满意颜回对他的“于吾言，无所不说”，责怪“回非助我者也”（《先进》）。

“教学相长”这句话是儒学《礼记·学记》中说的。这么说：“学然后知不足，教然后知困，知不足，然后能自反也；知困，然后能自强也。故曰：教学相长也。”语意是，学习中会感到知识不足，教学中会感到水平不够，学习中知道了自己的不足处，就促使我努力；教学中知道了自己水平差，就促使我自强不息。就这样地教与学相互促进，得到共同提高。

这又是一个很好的教学思想。这个思想给了我们这样的一个启示，老师虽有知，但不见得处处都有知，处处胜于弟子；弟子的知虽然不及老师，但也不见得处处差于老师。这就要求老师、学生要互相学习，互相帮助。

做到“教学相长”，对老师言，要有这样的气魄，承认自己的知有不如学生处，敢于放下架子向学生讨教；对学生言，要真诚地向老师学知识，但也要敢于与老师探讨问题，切磋问题。如此了，教与学的水平就会得到大大地提高。

前题说，孔子有很多好的教学思想，并列举了若干，如“不愤不启，不悱不发”、“学而不厌，诲人不倦”等，考虑到本书的篇幅，对其讨论只能割爱了。

“学而时习之，不亦说乎”

关于教学问题，上两题说，孔子讲了很多有名的话，并就“教”的问题列数若干作了讨论。本题选取孔子关于“学”方面的话，列数若干作讨论。

1. “学而时习之，不亦说（同‘悦’）乎”。（《论语·学而》）孔子把学习看作高兴事，而且还要做到“时习之”，不断地学。我们的人也要像孔子那样好学求上进。学习、学习、再学习。让我们的事业成为学习型的事业，我们的党成为学习型的政党。

2. “敏而好学，不耻下问”。（《论语·公冶长》）孔子在这里讲了两个思想，一是人要聪敏又好学，二是要不耻下问。不耻下问，向上问容易做到，比如问老师，问领导，问上级，问有头有脸的人，不降低你的身份；问下就难了，比如问下民，问下级，问学生，问地位低下的，问微不足道者，这样做了，你的面子呢。但是，不耻下问却是长知识必不可少的一种做法，应该持这样的问之态度才对。

3. “学而不思则罔（糊涂），思而不学则殆（失败）”。（《论语·为政》）学习是思维活动。在这里，学与思应该做到相互结合，学中要有思，以求甚解；思中要有学，以求问题得到解决。只有学没有思，是肤浅的学，没有意义；只有思而没有学，思的原材料没有，那只能是空思。学习必须思，勤动脑筋，勤想问题，对问题得不到合适解的，再学，再思，又再学，又再思。

4. “行有余力，则以学文”。（《论语·学而》）本句话的意思是，工作后假如你还有余力，你可以把它用来学文化、学知识。孔子要我们千万别把你宝贵的“余力”给浪费了，不要虚掷光阴。

5. “每事问”。（《论语·八佾》）这是孔子的一种治学态度。遇到事情都要问个这是什么？为什么？弄清事情底细，长知识，长学问。我们的人也要学学孔子好问好学的思想。《礼记·中庸》对此话有深化的认识，提出了一个叫“审问”的概念，这个提法好。“审问”，遇到事先审一审，问一问，是什么？为什么？怎么办等，以求得对问题的深化理解。

6. “温故而知新”。（《论语·为政》）这是一句关于如何搞好你的学习的话，办法之一是“温故而知新”，把旧的内容复习好了，新的收获也就有了。

7. “进而不止”。（《论语·子罕》）《论语·子罕》说：“譬如为山，未成一篑，止，吾止也。譬如平地，虽覆一篑，进，吾往也。”是说，如用土堆山，只差一筐土就成功了，但你却不添了，前功尽弃，成为你的过；如用土平整土地，虽然只加一筐土，却也是前进，这是自己的成功。这话昭示我们，学习也要如土堆山那样进而不止，如土平地那样进而不止。

8. “博学”。（《论语·雍也》）孔子敦勉人们“君子博学以文”（同上），做博学之士。孔子本人就是一个博学之士。在《论语·子罕》一文中，文中借达巷中的一个人的口说：“大哉，孔子！博学而无所成名”，说孔子是博学的人。博学，广博的学知识，做学问，力求掌握丰富知识，做一个有聪明头脑的人。

“自省”

“自省”即“内省”、“反己”、“反求”、“反省”等。

《论语·里仁》说：“见贤思齐焉，见不贤而内自省也。”《论语·颜渊》说：“内省不疚，夫何忧何惧？”

儒家提倡“修身”。“自省”是其中重要一法。在儒学中，有关于“自省”的话很多很多，列数若干：“内自讼”（《论语·公冶长》），原话是：“子曰：‘已乎哉！吾未见能见其过而内自讼者也。’”“躬自厚”（《论语·卫灵公》），原文是：“躬自厚而薄责于人，则远怨矣。”此外还有“敬身”、“修己”、“正身”等的话。

还要说说孔子后人对这个问题说的话。孔子弟子曾参说：“吾日三省吾身。”（《论语·学而》）子思在《中庸》中说：“君子内省不疚，无恶于志。”孟子在《孟子·公孙丑下》说：“反求诸己”，该书《尽心上》又说：“反身而诚。”荀子说：“见善，修然必以自存也；见不善，愀然必自省也。”（《荀子·修身》）

“自省”是一种“自”的行为，没有他人督促、监视，完全凭自己的觉悟，审视自己，发扬成绩，找出缺点，改正错误，继续进步。

由“自省”想到了“慎独”。《大学》说：“所谓诚其意者，毋自欺也……故君子慎其独也。”“慎独”是“自省”的高境界，在独处的情况下，慎言，慎行，不做非礼之事，不为非理之行，老老实实，规规矩矩。想到了大庆的“四个一样”精神：工作中“白天和黑夜一个样，阴天和晴天一个样，领导在场和不在场一个样，有人检查和没人检查一个样”，我们倡导这种精神。

上述“自省”、“慎独”，都是高尚的行为，今天的我们也应该这样做。但有一条，在“自省”、“慎独”中，别太囿于自己了，请打开窗子，让外面的风吹进来，如听取别人的批评、帮助，使自己的“省”、“慎”有外力帮助，使“自省”做得更好。

《格言联璧》中有这样一句话“静坐常思己过，闲谈莫论是非”，这也是一句提倡“自省”的话。这句话需要完善，“静坐思过”，不能让它变为“闭门思过”，“莫论是非”不能变成“不辨是非”。

谢觉哉在他60岁生日的时候，闭门写了一篇“六十自讼”的日记：“行年五十，当知四十九年之非，那么行年六十，也应该设法弥补五十九年的缺点，假如我以前更努力些，特别是入党以后，我的成就也许会更大些。”吴玉章在他81岁生日时，写了一篇“自省座右铭”，内说：“年过八十一，寡过未解。东隅已失，桑榆未晚。必须痛改前非，力图挽救，戒骄戒躁，毋怠毋荒，谨铭。”向革命前辈学“自省”精神。

“自省”，其目的是改造自我，完善自我，进而更好地改造社会、世界。为此必须善自思，并接受他人帮助，做到“过则勿惮（害怕）改”（《论语·学而》），“改之为贵”（《论语·子罕》），“不两过”（《论语·雍也》）。

二十四 “三十而立”与生涯设计

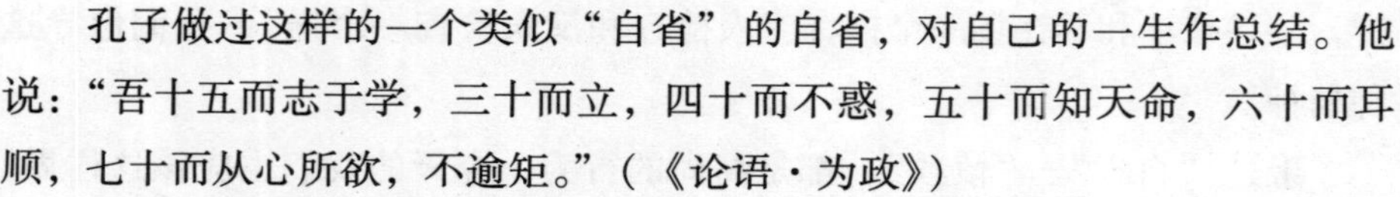

孔子做过这样的一个类似“自省”的自省，对自己的一生作总结。他说：“吾十五而志于学，三十而立，四十而不惑，五十而知天命，六十而耳顺，七十而从心所欲，不逾矩。”（《论语·为政》）

孔子这段话，十分有名，实际讲的是人的生涯设计问题，有这么几条值得注意：

1. 生涯设计有一个“志”的问题，人要有志。人有脊梁使人挺立，人有高尚的志，使人精神屹立，为此人必须有远大的志。

2. 生涯设计中“学”重要。只有学才能长知识，长才干。从本段话可见，孔子的“学”为他今后的“而立”、“不惑”、“知天命”、“耳顺”、“从心所欲”等打下了扎实的成长基础。这说明“学”十分重要。

3. 要重视“十五”那个时段光阴。在人的一生中，“十五”属少年时段，要重视这个少年时段，不要虚掷这个时段。明人宋应星写了一首诗《怜愚诗》：“一个浑身有几何，学书不就学干戈；南思北想无安着，明镜催人白发多。”少年要立志，志于学，志于事业。

少年时段是立志时段，所立的志务求高远、正确、专一，不要三心二意，不要朝三暮四。有这么一个例子：法国生物学家拉马克，幼小时，他的父亲让他到神学院读书，准备让他当牧师。德法战争爆发，他弃神从戎，想当军事家；后想当气象学家；后从事银行工作，于是想当金融学家；后来对音乐感兴趣，想当音乐家等。在他 24 岁那年，一次在一家植物园那里，遇到了著名的哲学家卢梭，在卢梭的影响与帮助下，他专心地研究起植物生物学来了，26 年后成大器，写出来了《法国植物志》一书，后又研究动物生物学，是他最早地提出了生物进化论思想，成为世界上著名的生物学家之一。这个例子极为形象地、生动地告诉我们少年立高远、正确、专一的志重要。

4. 要重视“三十”那个时段的光阴。在人的一生中，“三十”属于青、中年时段，“而立”了，成人了。这个时段是人的一生中最基本、最主要的时段。这一段一般是在工作、劳动中度过的。一个人是否在事业上做出了成绩，主要地就看他在这个时段上的表现。对这个时段，我们的人要好自为之，不要蹉跎。

三十上下，是人的风华正茂时期，此刻人思维敏捷，精力充沛，记忆力强盛，创造力富有，理解力突出，是人们在事业上多多出成就时期。据 1500 年到 1960 年资料，全世界有科学家 1 249 人，有重大科学成就 1 928 项，科学家成才的最佳年龄是 25 岁到 45 岁时段，其中最佳年龄值是 37 岁上下，杰出科学家的成名峰值是 32 岁。例举数人，哥白尼提出日心说的年龄是 38 岁；写《物种起源》一书的达尔文，实行环球航行时是 22 岁；爱因斯坦提出狭义相对论、广义相对论的年龄分别是 26 岁、37 岁。马克思、恩格斯写《共产党宣言》时，分别是 28 岁、30 岁。说说我们中国的，初唐诗人王勃，写了“落霞与孤鹜齐飞，秋水共长天一色”名句，他死时年仅 27 岁。

5. 要关注“不惑（四十）”、“知天命（五十）”、“耳顺（六十）”、“不逾矩（七十）”那几个年龄段。这几个年龄段，是人的一生中处于成熟了的年龄时段，即不惑了，知天命了，耳顺了，不逾矩了。但是我却要说，四十你真的能“不惑”，五十你真的能“知天命”，六十你真的能“耳顺”，七十你真的能做到“从心所欲，不逾矩”。我认为不见得，拿“不惑”这个时段说，拿孔子本人来说，在他的实践生活中就没有做到“不惑”等，在他四十岁的时候，仍然做了不少“惑”的事情。所谓“四十不惑”、“五十知天命”等云云，作为一种方向去攀登之是可以的，要真正做到所谓的“不惑”、“知天命”等是不太可能的。

6. 要重视“六十”这个年龄段。在人的一生中，“六十”算是老龄的了。这是人生路上留给我们的最后的一个活动站，要走好这一站的路，要在这个活动站中生活过得有意义。假如说你没有走好少壮时期的那段路，现在进入老年了，那就做失晨之鸡思补更鸣的鸡吧，“莫道桑榆晚，为霞尚满天”，请你现在鸣吧！孔子不是有“不知老之将至”的那样思想吗？我们应该学学孔子这种精神，几度夕阳红，让我们再奋蹄！

二十五 “逝者如斯夫”

《论语·子罕》说：“子在川上曰：逝者如斯夫，不舍昼夜。”是说，孔子站在江畔，感慨着宝贵的时间如流水那样飞奔流逝，不舍昼夜，瞬息不停。

孔子的感慨是有道理的。孔子一生为追求他的“道”奔波呼号。他抱负“朝闻道，夕死可矣”（《论语·里仁》）的心情呼号着，“道不行，乘桴（小筏）浮于海”（《论语·公冶长》）的心情呼号着。但是，到最后却“凤鸟不至，河不出图”（《论语·子罕》），成为“吾已矣夫”的人。对此，他能不发出“逝者如斯夫”的叹息？

“逝者如斯夫”是名句，很多人引用议论过它，如毛泽东在《水调歌头·游泳》引用过，托尔斯泰还用《川逝》为名写过小说。

“逝者如斯夫”，说的是时间。“时间”是条河，逝者如斯夫的河，川流不息的河。在这条河里，流淌着昨天、今天、明天。无限的“昨天”，都以“今天”为归宿，又期待着无限的“明天”为希望。

对此，德国科学家、诗人席勒写诗说：“不要把飞逝的现在当做友人，不要把静止的过去当做仇人。”

“逝者如斯夫”，时间，生命的载体。假如一个人没有了对时间的感觉，那么这个人就已死去。假如对时间失去了敏锐，那么这个人已经麻木。假如对时间持无所谓的态度，那么这个人则已经浑噩。假如对时间持醉生梦死的态度，那么这个人只是个酒囊饭袋而已。假如有人对时间采取忽悠、玩忽状，那么时间就会把这个人忽悠、玩忽。假如有人利用时间去干为非作歹的事，那么这个人就成为时间的罪人，最终被时间审判。

有人抱怨“逝者如斯夫”走得太快。其实时间走的是恒值，无所谓快慢问题，关键是你要珍惜它。自强者说时间过得快，望自强者努力再努力。不自爱者说时间走得还不够慢，那就请你珍惜自己已往的错，今日弥补之，今日努力之。

有人抱怨自己才不如人。才，确实有禀赋问题。但更多的是对“逝者”的态度问题，你对“逝者”恭敬了，爱惜了，你也会有才华。

有人抱怨财不如人。财是靠自己挣的。只要你正确对待“逝者”，利用它，巧妙地利用它，“时间就是金钱”，“财”才有可能向你走来。

有人抱怨自己没有好爸爸，因此使你没有幸福的后程。这是没出息的观点，幸福的路是靠自己走出来的。假如你把“逝者”紧紧地抓住了，与它交上好朋友，爸爸又值几何，幸福就会出现在你的脚下。

“逝者”是常数，分是分，秒是秒，但也是变数。在正确观念作用下，在科学的巧安排下，它会变，往正值高值变，时间变长了，变走得慢了，一分成二分，一秒成二秒。但是，在你对它采取漠然态度的情况下，它也会变，往负值变，往快向变，一分变成零点五分，一秒变成零点五秒，这样，时间就会与你在一起，成为世上来去匆匆的过客。

“逝者如斯夫”，让我们珍爱“逝者”吧！。假如你是少年，那就请记住这句话："少壮不努力，老大徒伤悲"；假如你是中年人，那我要说"岁月催人老，请君莫蹉跎"；假如你是老人，那就请你讲这句话："东隅已失，桑榆未晚"，桑榆的晚霞依然是美丽的。

向孙子学管理

孙子其人其书

孙子其人。孙子，名武，字长卿，春秋末期齐国人，因为他的才华主要是在吴国显现的，辉煌的战绩是在吴国施展的，因此人们称他为吴孙子。生卒年月不详，大致是与孔子同时代的人。

孙子是兵家宗师，有“兵学鼻祖”、“武圣”等美称。写有《孙子兵法》（《吴孙子兵法》、《孙武兵法》）一书。被世人称为“兵学圣典”，“世界古代第一兵书”等，名扬四海。据说我国国内有兵书三百多种，其水平没有一本能超越该兵书的。国外也有兵书，著名的有克劳塞维茨的《战争论》等，但其水平也比不上孙子的这本兵书。

还有一位被称为孙子的，那是孙膑，齐国人，是孙武的后裔，也是兵家，也写有兵书叫《孙膑兵法》（《齐孙子兵法》），也十分有名，在齐国为将，所以人们称他为齐孙子。

孙武是这样出山的。孙武因战乱来到吴国，被吴的重臣、大将伍员赏识。伍员把孙武引荐给吴王阖闾。孙武用惊世骇俗的宏论，才思横溢的见解，还有《孙子兵法》，使吴王钦佩不已，并受到重用。

孙武在吴王那里同伍员一起辅佐吴王，经国治邦理军打天下使吴崛起，成为当时春秋五霸之一。据史书记载，孙武自公元前 512 年被吴王起用到公元前 482 年帮助吴国夺取晋国霸主地位，戎马生涯三十年，战绩赫然。

孙子其书。《孙子兵法》是这样的一本书，它总结了春秋末期及以前，新兴地主阶级及奴隶主阶级对军事斗争的治军思想、原则、作战经验。它是一本伟大的兵书，影响后世，影响他国。有多少军事家受该书的影响，在战争中奏出了胜利辉煌的乐章。

《孙子兵法》一书，其成就，其所总结的经验，从总体上说，前孙子孙子不遗，后孙子孙子不被越。它有跨越时空领域的辉煌：跨时，诞生在2000 多年前的书，今日依然在发挥巨大作用；跨空，诞生在中国的书，在大洋之外被广泛地称颂着、应用着；跨领域，它本属军事领域的书，现在却广泛地被工、商企业等领域所应用。

目前，世界上共有三十多种语言的《孙子兵法》版本，出版的有关《孙子兵法》的著作、论文七八百部（篇），地域涵盖南极洲以外的任何洲。

《孙子兵法》通书渗透着朴素的唯物辩证思想。

《孙子兵法》，通行的有《计》等十三篇，文字加断句、标点约八千多字。除通行本外，还有竹简本等。

本书所用的关于《孙子兵法》的文字为通行本中的文字。

一 从“宫廷演兵”说起

上题说，伍员引荐孙武见吴王阖闾受重用。据《史记·孙子吴起列传》记载，吴王重用孙武还有这样的一个故事：吴王看到了《孙子兵法》后钦佩地问：“子之十三篇。吾尽观之矣，可以小试勒兵乎？”对曰：“可。”阖闾又问：“可试以妇人乎？”对曰：“可。”

据《孙子列传》说：于是，“出宫中美女，得百八十人。孙子分为二队。以王之宠姬二人各为队长，皆令执戟。令之曰：‘汝知而心与左右手背乎？’妇人曰：‘知之。’孙子曰：‘前，则视心；左，视左手；右，视右手，后，即视背。’妇人曰：‘诺。’约束既布，乃设鈇（铡刀）钺（兵器），即三令五申之。于是鼓之右，妇人大笑。孙子曰：‘约束不明，申令不熟，将之罪也。’复三令五申而鼓之左，妇人复大笑。孙子曰：‘约束不明，申令不熟，将之罪也。既已明而不如法者，吏士之罪也。’乃欲斩左右队长。”

吴王见孙武要杀他的两位爱姬，急忙为其爱姬说情，说：“寡人已知将军能用兵矣。寡人非此二姬，食不甘味，愿勿斩也。”

“孙子曰：‘臣既已受命为将，将在外，君命有所不受。’遂斩队长二人以徇。用其次为队长，于是复鼓之。妇人左右前后跪起皆中规矩绳墨，无敢出声。”

此刻，孙武请吴王检阅队伍，说：该队伍“虽赴水火犹可也。”于是阖闾知孙子能用兵，卒以为将。孙武为将后，他西破疆楚，入郢，北威齐晋，显名诸侯。

我在这里不嫌啰嗦地引述了《史记·孙子吴起列传》中所说的关于“宫廷演兵”的故事，想说明一条，军事有管理问题，兵法中有管理的内容。

在本故事中，在管理问题上，它告诉我们如下的理。

1. 孙子为带好宫廷女兵，把她们组织起来，把180人分为两队。

2. 有了组织，必须配备队长。本故事中，孙子让吴王的两位宠姬任队长。

3. 有了组织，还需要制度。在宫廷演兵中，孙子要求女兵做到服从命令听指挥，令队伍左则左，令右则右，前前之，后后之，不得违令，不然鈇钺候之。

4. 对组织里的人要教。孙子对演兵的人实行教，告诉她们何谓左、右、前、后，并三令五申地教。

5. 要有赏罚。孙子对多次不执行命令、哄堂嬉笑的人处斩。但刑不责众，责队长，于是杀了两队的队长。队伍是不能没有头头的。孙子杀了两名队长后，命队伍的其次人接任队长。

6. 孙子在处斩二名队长时，吴王为其宠姬求情，请赦免她俩的死，孙子说：“将在外，君命有所不受。”孙子的话符合军事管理原则，将在战，君命不服。孙子冒着犯上之错执行原则做得对。

二 悟"道"

"道"是《孙子兵法》（以下简称《孙子》）一书中的一个十分重要的概念。在《孙子》一书中出现这个"道"字的有24次。有多种用法：(1)作政治路线、方针政策、思想观念讲，如《计》中所说的"道、天、地、将、法"中的"道"；(2)作规律、原则讲，如《九地》中所说的"凡为客之道"的"道"；(3)作制度讲，如"教道不明"（《地形》）；(4)作原因讲，如"败之道也"（《地形》）；(5)作行程讲，如"倍道兼行"（《军争》）；(6)作情况讲，如"故战道必胜"（《地形》）；(7)作道路讲，如"利粮道"（《地形》）等。

本题所说的"道"，指的是上述用法中最为重要的那种解，即上述第一种用法，作政治路线、方针政策、思想观念解。

其他兵书也十分重视"道"，如《孙膑兵法》说："决胜负安危者，道也。"

我们说《孙子》中所说的作第一种解的那个"道"，即《计》中所说的"经五事（道、天、地、将、法）"中的"道"；《计》中所说的"校七计（主孰有道？将孰有能？天地孰得？法令孰行？兵众孰强？士卒孰练？赏罚孰明？）"中的"主孰有道"的"道"。这个"道"，是指在作战中你将所持的政治路线、方针政策，是事关作战中生死存亡方面的问题。

《孙子》中还有一句关于讲"道"的话："修道而保法"，也十分有名。这个"道"也作政治路线、方针政策讲，是说作战要修明政治，修出一个昌明的政治路线、方针政策来，并使这个"道""令民与上同意"（《计》），"上下同欲"（《谋攻》），以保证法的顺利实行，以保证战事的成功。

在战事中还流行着这样的话："得道多助，失道寡助"，"得道者胜，失道者败"。这里所说的"道"，指的是战争正义性质问题，它常与你所持的作战政治路线、方针政策有关。

《孙子》重视"道"是有道理的。"军"是政治的继续，是政治的最高形式，是流血的政治，是事关国家生死存亡的事，如果作战的政治路线、方针政策不正确，你怎么能打胜仗？

《史记·孙子吴起列传》中写有这样一则故事：一次，吴起与魏武侯在西河泛舟，武侯被眼前的山河所陶醉："美哉乎山河之固，此魏国之宝也。"吴起却不这样认为，说治国"在德不在险"，并用禹灭三苗氏，汤逐夏桀，武王杀商纣的例说明这个道理，讲得头头是道，最后，吴起用告诫的口吻说："若君不修德，舟中之人尽为敌国也。"

现在我们说企业管理。企业管理也要悟"道"，布"道"，行"道"。比如你在办企业中，将采用什么样的"道"来对待国家利益与企业的自身利益？用什么样的"道"来为用户、顾客服务？用什么样的"道"来从事你的生产经营活动？用什么样的"道"与其他企业开展竞争？用什么样的"道"作为凝聚剂来处理好各方面的人际关系等。

战国初期有一位大商人白圭，他有一个好的经营之"道"，叫做"乐观时变"，"人弃我取，人取我与"，他就用这样的"道"做生意大获成功，该人被后人称之为"治生之祖"，这说明"道"的问题十分重要。

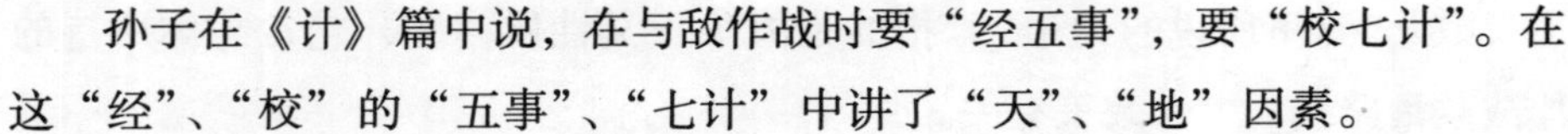

孙子在《计》篇中说，在与敌作战时要"经五事"，要"校七计"。在这"经"、"校"的"五事"、"七计"中讲了"天"、"地"因素。

"天"，孙子在《计》中对它有解释："天者，阴阳、寒暑、时制也。"

"地"，孙子在《计》中也有解释："地者，远近、险易、广狭、死生也。"总之，"天"、"地"指的是自然因素，是说作战为了胜要占据作战有利的天时条件、地理条件。

关于"天"、"地"，想到了宏观的"天"与"地"问题，在作战中这似乎更为重要。三国故事说，曹操为一方，孙权为一方，刘备为另一方，相互抗衡。按诸葛亮《隆中对》的分析，曹一方占据着"天"的有利势态，"挟天子而令诸侯"；孙一方占据着"地"的有利势态，"据有江东"、"险而民附"；诸葛亮劝刘备去占有"人和"的有利势态，以此与曹操所据有的"天时"，与孙权所据有的"地利"相抗衡。

让我们说孙子在《计》中所说的"天"与"地"。这里所说的"天"、"地"是指微观的、自然的。天，指天候、天象，如日出日落，月出月落，风霜雨雪等，用孙子的话说就是阴阳等。地，指地态，地势、地貌，如高山峰峦，江河水川，草木树林等，用孙子的话说就是远近等。

孙子是十分重视"天"、"地"等作战因素的，认为这是胜敌于人所必须占有的条件。在《孙子》一书中有专门的篇章来讨论这些问题，如《地形》、《九地》、《行军》、《九变》等篇。

孙子说"天"说"地"，其中尤以说"地"为多。《孙子》十三篇，出现有"地"字的有十一篇，其余未出现"地"字的两篇，其所讲的内容有不少也是涉及了"地"方面的事。全书出现"地"字的有88处，假如把书中"陵"、"丘"等字算进去则更多。

关于"地"，孙子有的从宏观角度去讨论，如在《计》中说"兵者"、"死生之地"；有的从微观角度去讨论，如在《行军》中说到兵的处军问题，说兵有处山的兵，处水的兵等。

《孙子》说"地"，有的就"地"的自然形态说，还有不少是借"地"的词，实际说的不是自然状态的"地"，却是讲作战的形式问题，如在《地形》中说的几个地形："通"、"挂"等六种"地形"。那"通"的"地形"说的是我可以进入，敌人也可以进入的那种地；那"挂"说的是我可以进，但却难以返回的那种地等。

《孙子》关于"地"的论述十分精辟，人们颂扬其论述。明末顾祖禹说，孙子是"地利之妙"论者，我国台湾学者钮先钟说，"有人称孙子为世界上第一位军事地略学家是恰如其分的”。

“天”、“地”问题，实际是环境问题。现实中，我们在做工作时也必须注意环境问题。大的环境，如政治环境、经济环境、文化环境、法律环境、生态环境等；小的环境，如具体的工作环境，假如你是企业，你的工作环境有原材料供应环境、协作伙伴环境等。

《孙子》把“地”说成是“通”、“挂”等六种地形。可以类比到企业竞争中去，企业竞争也有“通”地，如有某市场我企业可以进，他企业也可以进，那就要拼出全力与之竞争；企业竞争中也有“挂”地，某市场我可以进入，但进去后若想退出难，这就要求我们对进入该市场采取谨慎态度，并要想好我若进入后，万一需要退出我该如何退等。

四 “将者，国家安危之主也”

“将”是孙子“经五事”、“校七计”思想的一个内容，“将”的问题很重要。

《孙子·作战》说：“知兵之将，民之‘司命’，国家安危之主也。”《孙子·谋攻》中又说：“夫将者，国之辅也。辅周，则国必强；辅隙，则国必弱。”

好多著名兵法书中都写有关于“将”的内容。《吴子》写“论将”篇；《孙膑兵法》写“将义”篇；诸葛亮写的兵书起名干脆就叫《将苑》。

说将的重要，民间有这样的话：“千军易得，一将难求”；“置将不善，一败涂地"；"强将手下无弱兵，一将无能累千军"；"兵熊熊一个，将熊熊一窝"。关于这，还有更形象的话："狮子率领的绵羊队伍，能打败绵羊率领的狮子队伍。"

在三国历史上有这么一则故事：一次，曹操与袁绍一起讨论如何讨伐董卓问题，当议论到如何取天下问题时，袁绍认为，靠军事实力，曹操不同意这个观点，认为重要的是"智力"，是"道"："吾任天下之智力，以道御之。"这智力，包括将。曹操的观点，其认识明显地要高于袁绍。

曹操说"智力"重要，十分正确。"智力"即人才。人才是国家所有资源中最为重要的资源，是第一资源。可以做这样比喻，人才是箭，人才之箭射向太空，使国家强盛；是火，人才之火燃向全国，使国家兴旺；是水，人才之水滋润全国，使国家庄稼倍长。

现在让我举四位历史人物的作用以说明问题。（1）孙武是著名兵家，也是将，是他，辅佐吴王阖闾西破疆楚，入郢，北威齐晋，显名诸侯。（2）吴起是著名兵家，也是将，是他率魏军与其他诸侯国战76次，获全胜的64次，辅佐魏文侯、魏武侯成了霸。（3）孙膑是著名兵家，也是将，是他率领齐军，实行围魏救赵之战，大胜魏国，打胜了历史上十分著名的"桂陵之战"，"马陵之战"，杀得魏军庞涓抱头鼠窜，自刎身亡。（4）诸葛亮，他是兵家，是将，也是相，出将入相，他协助刘备与曹操等人战，据统计，由他亲自指挥的有二十多次仗，几乎仗仗全胜，著名的有火烧博望坡之胜，火烧新野之胜，火烧赤壁之胜等。

举现代战争史实，以我党解放战争为例，我所以能打败蒋介石军，"将"的因素是个重要因素，如我有杰出高明的将领：朱德、彭德怀、刘伯承、陈毅、邓小平等。

现在我们说企业管理，与上同理，一位好的企业家可以救活一家企业，一位无能的企业领导人可以毁掉一家企业。外国有这样的例子，日本，因为有松下幸之助，就有了松下电器公司；有盛田昭夫，就有了索尼公司；美国，因为有福特，于是有了福特汽车公司；有艾科卡，才有克莱斯勒汽车公司的新生。说我们国家的，上海宝山钢铁公司，办得很好，这是因为有该企业的开厂功臣黎明的才华与努力所致。山东的海尔电器公司，经营搞得十分出色，重要原因之一就是因为该公司有一位好的企业家张瑞敏。

现在举几个反面的例子，我们国家曾经有过几个稍有名气的企业，如河南的亚细亚商场、山东的孔府家酒，但后来都垮台了，原因就是，因为这些企业的领导人有问题，或自大，或胡作非为。

五 “将者，智信仁勇严也”

本题题名，语出《孙子·计》。孙子在给“五事”的“将”作解，说“将”必须具备“智、信、仁、勇、严”五个素质。

1.**“智”**。“智”，智慧，才智，知识。

“智”，“才”的命题，也是“德”的命题。“智”，知识（古时知智通），智慧，当然属于“才”方面的问题。说它也是“德”的命题，这是因为在儒家那里就作这么看，孔子说：“知者不惑，仁者不忧，勇者不惧”。从“德”的命题说，没有“智”，你如何与敌人战；从“才”的命题说，没有“智”，你如何伐谋，庙算，用计，如何去打“不战而屈人之兵”的仗。

“智”重要。诸葛亮为什么打仗老赢，因为他浑身有智，草船借箭是智，摆空城计胜司马懿是智。

智是通向科学之门，是军争胜利之门，也是在竞争中取胜对方之门。现在是知识经济时代，我们务必更要重视“智”。

2.**“信”**。“信”，诚信，说一不二，说到做到，言行一致。

对“信”，孙子无解释。《孙膑兵法·威王问》中，对“信”有个说法："威王问，令民素听，奈何？孙子曰，素信。"孙膑认为，要让民素听，必须信，而且要"素信"。吴起是讲信的模范，他在任魏西河郡守时，紧邻魏西河的秦有一岗亭，吴起想拔掉它，想利用那里的老百姓去拔。他采用"倚辕立信"，在获得了民众信任的基础上，对民众说，谁先捷足登上秦岗亭者得重奖，使民众个个争先争功，一举克岗亭成功。

"信"是为人必须具备的基本品德，信了，人家信得过你，你做事就无不成。假如你没有信，在你的信用记录本里所录的信全是负值，那么你如何立足于世？

工商有话：诚信通四海，财源达三江；对一客失信，招百家不应；取信一位顾客，胜做十笔生意。

3.**"仁"**。"仁"，仁慈，仁爱。

"仁"，孔子说"爱人"（《论语·颜渊》）。孙子说："视卒如婴儿"，"视卒如爱子"（《地形》）。他在讲到用间的重要性问题时说："受爵禄百金，不知敌之情者，不仁之至也。"（《间》）吴起用兵有一个特点是仁爱士卒，据《史记·孙子吴起列传》说："起之为将，与士卒最下者同衣食。卧不设席，行不骑乘，亲裹粮，与士卒分劳苦。"还有这样的故事，一士卒足生毒疮，吴起用嘴把该战士足上毒疮中的淤血吸出来，使该战士及其他战士备受感动，在与敌作战中奋勇杀敌。

说工商经营，你经营要讲仁，要爱人，做己所不欲，勿施于人的事，不卖假冒伪劣的东西给顾客。仁了，"好话一句三冬暖，恶言一句六月寒"；"仁待顾客，店堂生色"。

4.**"勇"**。"勇"，勇敢。

吕望兵书《六韬·龙韬·奇兵》说："将不勇，则三军不锐。"打仗靠勇，两军相交勇者胜。吴起说："出师之日，有死之荣，无生之辱。"（《吴子·论将》）勇是重要的，但勇必须讲两个前提：一是要合乎军的道义，否则就是强盗勇（"盗勇"，是孔子的语言，见《论语·阳货》）；二是要"合于主之利"（《孙子·地形》），使勇取胜有意义。还有一点也必须强调，讲勇必须讲智，在智的指导下言勇，无智之勇是盲勇。有真智才有真勇，有大智才有大勇。克劳塞维茨说："高超的智慧兼普通的勇气，比出众的勇气兼普通的智慧有更大的作用。"让我们努力使自己成为智勇双全者、大智大勇者。

5.“严”。“严”，严格，严厉，严明。

孙子在《计》篇中说：“赏罚孰明?”吴子在他的兵书《将论》篇中说：“禁令刑罚，所以威心。”“赏罚孰明”、“禁令刑罚”就是“严”。

有铁的纪律才有铁的军队，有铁的军队在作战中才有取胜的可能。孙子说：“令素行以教其民，则民服；令素不行，则民不服。”（《孙子·行军》）“严”的威力有例为证：三国时期，诸葛亮挥泪斩了严重违反军纪的马谡，使蜀国军威大振。

严生明，明生威，威生力。做任何事务必讲严。想到了大庆石油公司在上世纪60年代所创造的管理经验“三老四严四个一样”。其中“四严”是：严格要求，严密组织，严肃态度，严明纪律。这个经验至今仍有很强的现实意义。

六 将风

为将的要有德有才，还必须有高尚的风范。

什么是风范?《孙子》说：将“进不求名，退不避罪，唯人（民）是宝，而利合于主”（《孙子·地形》）。是说，事情做成功了，不图名，失败了，不逃避责任，一切以主的利益为考虑问题的出发点。吴子说：将“有死之荣，无生之辱”（《吴子·论将》）。是说，将有死得光荣，却无生的耻辱。这孙子、吴子的话可以视作何谓“风范”的一种理解。

“风范”的本质是“德”。我之所以把“风范”从“德”中抽象出来单独地说，是因为“风范”问题重要。

关于将风问题，讲三点。

1. 将应该有遇险不慌、镇静自若的风范。《孙子·九地》说：“将军之事，静以幽，正以治。”作将的对待战事要清静，要幽深，心地平正，这样使战事得治。

有这样一例，公元223年，司马懿用五路人马攻蜀，这五路兵是：司马懿的兵，吴国的兵，南蛮的兵等。对此，蜀刘禅等人上下惶然。但诸葛亮却静以幽，在他自己的住处里悠然地欣赏着他养的鱼。当刘禅到他住处问如何对待这五路兵时，却不慌不忙地说出了如何对五路兵的对策，逐一化解这五个矛盾。

2. 为将的要制骄。骄是通向成功路上的陷阱。《孙子·计》中在讲到如何战胜敌人时，说：“卑而骄之”，是说，让我显示卑劣的样子，促使让对方骄横起来，然后战而胜之。这说明“骄”不是好东西，是导致失败的陷阱。

道家、儒家都讲过“骄”不是好东西这方面的话。《老子·二十四章》说：“汝惟不矜（自大），天下莫与汝争能；汝惟不伐（自夸），天下莫与汝争功。”该书六十九章又说：“自见者不明，自是者不彰；自伐者无功，自矜者不长。”孔子说：“劳而不伐，有功而不德，厚之至也”，“谦也者，致恭以存其位者也”（《周易·系辞上》）。

“骄”会导致败。举一则关羽败走麦城的例子以说明问题。关羽是人才，有过五关、斩六将、水淹曹七军等的光辉业绩。但骄得出奇，他根本不把吴看在眼里，结果被吴军用骄兵计，被吕蒙白衣渡江杀败，结果走麦城，失荆州，丢脑袋。

为将必须制骄，提高对骄危害的认识，强化修养；有成绩了，防止过分的乐，乐极是会生悲的；在掌声、鲜花中，泼点冷水，防止骄情膨胀等。

3. 为将的要制怒。《孙子·火攻》说：“主不可以怒而兴师，将不可以愠而致战。”该书《九地》又说：“忿速，可侮也。”在《火攻》中又说：“怒可以复喜，愠可以复悦，亡国不可以复存，死者不可以复生。”对此，孙子告诫地说：对怒，“明君慎之，良将警之。”

关于这，普鲁士军事家克劳塞维茨把“盛怒而妄为”列为“将失”的一个重大弊病。

“怒”的危害有诸多的例。一是三国蜀的关羽因骄被吴打败而死，关羽义弟张飞恶怒，限令部下在几天之内造白衣白甲供报仇伐吴用，部下恳请宽限时日，遭张毒打，部下两人遂杀了张飞。二是关羽义兄刘备为两弟之死报仇，倾全国之力，怒而兴师伐吴，结果遭吴的陆逊用火烧连营的办法致大败，最终落得个托孤白帝城的下场。

这里所说的制怒的怒，指的是没有理智的怒，暴怒，恶怒。正常的理性的怒，不能反对，比如人家无理欺侮你，你就应该怒，但要注意节制，不能失去理性。

如何制怒？办法有：强化修养；怒时实行冷思考；念念有词地数数以分散注意力，虚心接纳他人的劝；离开发怒现场；避开怒事想别的，或去做别的事等。

七 “内修文德”

“内修文德”的话，是吴子说的，见于《吴子兵法·图国》（以下简称《吴子》）。吴子，吴起，战国时期卫国人，杰出的军事家，法家，著《吴子兵法》，是魏国魏文侯、魏武侯重臣，帮助魏打了很多胜仗，使魏称霸。

《吴子》是本著名兵书，几乎与《孙子》齐名，两书合之被称为《孙吴兵法》，假如再加上《孙膑兵法》，这三位兵法书合称为“两孙一吴”兵书。

《吴子》之可贵处就在于讲了很多关于“内修文德”方面的话。该书首篇《图国》多半讲的就是“修文德”的话。如说：“道者，所以反本复始。”又如，说“四不和”不可战。这“四不和”是，国不和，军不和，阵不和，战不和。吴子这里所说的“道”、“四不和”、“不可战”，就是“内修文德”的话。

让我们说《孙子》。《孙子》中也有“内修文德”的思想。《计》中所说的“经五事”、“校七计”的话，其中多半说的是关于“内修文德”的话，如“道”、“将”、“法”、“主孰有道”、“将孰有能”、“法令孰行”、“赏罚孰明”等内容。

《孙子》一书除了《计》外，在其他篇中，也讲了不少关于属于“内修文德”方面的话，列举几例：《形》说，“修道而保法”；《行军》说，“令之以文，齐之以武”；《势》说，“治众如治寡，分数（组织）是也”，“斗众如斗寡，形名（通讯、指挥）是也”等。

“内修文德”重要。从国家角度说，国家所要做的事不外乎两个方面：内的事与外的事。内的事，就是要把国家的内部工作搞好，即把内政工作搞好，把文德工作搞好；外的事，把外交工作搞好，包括与外人作战。从军队角度说，与上同理，也不外乎这两个方面的事，内，搞好文德等方面工作；外，打好仗，搞好武备，还有伐交。

按兵书《尉缭子·兵令》说，在“文”、“武”两者的关系中，“文”是主要的，“武”是附从的。原话是这样的：“兵者，以武为植，以文为种，武为表，文为里，能审此两者，知胜负矣。”

综上所述，说明一个理：“文”重要，“内”重要，“文德”重要，“内修文德”重要。我们要千方百计做好“内修文德”工作。

现在我们说企业管理方面的事。企业管理也要重视“内修文德”工作。首先要把“道”修好，要有一个正确的生产经营观念。其次要把“人和”关系修好：企业内领导者间是和的；领导层、管理层、员工层间是和的；管理人员、技术人员间是和的，员工之间是和的；要有一个好的组织机构；要制定好各项规章制度；要有好的赏罚规定；要把质量高价格合理的产品生产出来等。

八 “外治武备”

“外治武备”的话，也是吴子说的。吴子在他的兵书《吴子·图国》中讲了“内修文德”的话后，紧接着说了“外治武备”的话。就是说，作为军，“内修文德”工作要做好，“外治武备”的工作也必须做好。

“内修文德”，把军队内的政治修明好了，强其体肤了，为军队外出打仗奠定基础，为“外治武备”取胜敌人作保证。

“内修文德”重要，“外治武备”也重要。就战争而言，其胜负的直接决定因素是武备，武备是战争取胜的手段。

关于“外治武备”，想到了“伐交”这件事，这也是属于“外”的一项工作（其内容在本篇“十八”题中讨论）。

“外治武备”治什么？治军：军的士气，军的阵，军的赏罚，军的战斗，军的武器装备，军的粮秣供给等。我们在讨论“内修文德”时，把“经五事”中某些内容，如“法”，把“校七计”中某些内容，如“法令孰行”、“赏罚孰明”看做是“内修文德”的事，其实他们也是“外治武备”的事。至于“校七计”中的“兵众孰强”，“士卒孰练”，更应该把他们看做是“外治武备”的工作。

不能把“外治武备”仅仅看做是兵器武备、粮秣武备、其他物质武备的事。如果这样，那就把武备的理解太狭义化了。还必须把“精神武备”

等工作包含进去，包括作战的“道”的准备，将的准备，士兵的准备，含士兵作战意志、作战士气、作战的必胜心等。这个“精神武备”更为重要。三军可夺器，不可夺其气，不可夺其志。有了这么“武备”，你的“物质武备”稍逊或其他，那也可以用“精神武备”给予补偿回来，照样能打胜仗。

其实，“内修文德”的内容与“外治武备”的内容有时是很难区分的，举个例子说，“道”，“内修文德”要修“道”，“外治武备”呢，也要治“道”，只是着眼点有所不同而已。

现在我们讨论企业管理中的“外治武备”问题。企业管理也要讲“外治武备”。这里所讲的“武”是指与他企业开展竞争讲武备。

与他企业开展竞争讲“武备”，如备商品，这个商品必须是价廉物美的；备竞争渠道，这个渠道必须是通畅的；备服务，这个服务必须是优质的等。

“外治武备”还必须备“道”，要树立如下几个方面的“道”：

1. **经营之道**。本着求企业全局、长远利益出发，立经营之道，开阔眼界，面向市场，在生产、流通等方面做好工作。

2. **竞争之道**。竞争是企业活力的引搏器，优胜劣汰是竞争的规则，企业要主动接受竞争考验，强我雄姿。

3. **效益之道**。效益就是利润，就是赚钱。在国家法律许可的范围内，在顾及道德的范围内，在顾及社会利益的条件下，力争企业多获效益，强我躯体。

4. **知识之道**。知识就是力量，努力使我们企业在竞争中，在生产经营各环节内含高的知识含量。

5. **信息之道**。信息是企业生命体的神经，外接受市场情报的传递，内接受企业上下左右的信息往来，使我们企业在竞争中神经运转活络，健康永驻。

6. **时间之道**。时间就是生命，效率就是财富。生产经营要有时间意识，要讲速度，开发商品要快，商品进入市场要快，抢占有利竞争高地要快。

九 “士卒孰练?”

《孙子·计》说：“士卒孰练?”《孙子佚文·吴文》说：“王者之道，厚爱其民者也。”《孙膑兵法·月战》中说：“间于天地之间，莫贵于人。”黄石公在《三略》中说：“夫统军持势者，将也；制胜破敌者，众也。”这些话说的都是一个理：士卒重要，人重要，民重要，众重要。

是的，打仗要靠众。是众与敌人战，冲锋陷阵的是众。

为了解决好“士卒孰练”问题，为此要治，要教，要练。

治众治什么？治两个内容：治心与习艺。

1. 治心。治心是最为主要的。黄石公《三略》说：“军国之要，察众心，施百务。”语意是统治军国的要点是了解考察民心，然后采取相应的对策。士卒的心了解清楚了，治理好了，士气高涨了，斗志昂扬了，其战斗力必强。

关于心，兵书《尉缭子·战威》说：“民之所以战者，气也。气实则斗，气夺则走。”气，就是心的问题，气从心中生。法国有号称战争之神的拿破仑说：战争中取胜的缘由，军队士气与装备之比是三比一。它昭示我们这样一个理，士气重要，比装备重要。

上述理有例为证。楚汉之争，项羽兵败垓下，何以至此，楚兵失去了士气是主要原因。韩信设“四面楚歌”之计，楚兵丢失了战争之气，楚遂败。晋朝时，刘琨戍边，遭胡兵袭，胡势力强，刘萌计，利用月夜，三次登城吹胡笳的思乡曲，如泣如诉，勾起了胡兵思乡之情，气失，无心思战，凄然撤兵。

治众，重在治心。由于此，《吴子》写有《励士》，《孙膑兵法》写有《延气》，诸葛亮的兵书《将苑》写有《厉（励）士》。

2. 习艺。要使士卒掌握作战本领，懂阵法，掌握武艺，有杀敌本事。诸葛亮《将苑》写有《习练》文字，说：“夫军无习练，百不当一；习而用之，一以当百。”在三国故事中，诸葛亮出山后，见刘备兵少，他就协助刘备招兵，并亲自执教，教练新兵习武，诸葛亮利用这些新兵与曹兵战，打胜了博望坡、新野等仗。

上面说的是士卒的治的问题，士卒还要教，还要练。教什么？练什么？主要也是如同上说的，关于“治”的那样，“心”方面的内容，“艺”方面的内容。

我们联系企业管理说治众问题。同上述所讲的理一样，企业中员工的作用一点也不能轻视。美国管理学家托马斯·沃森说：“一个企业成败的关键在于它能否激发职工的力量与才智。”企业活力的源泉在员工，企业员工的士气调动出来了，工作的积极性发挥出来了，聪明才智迸发出来了，企业获胜就会有把握。

对企业员工也需要治心，也需要习艺。治心长其志，长其气，有做好工作之志，有做好工作之气。习艺，演习、学习，长其才，长其能，练就做好工作的本领。

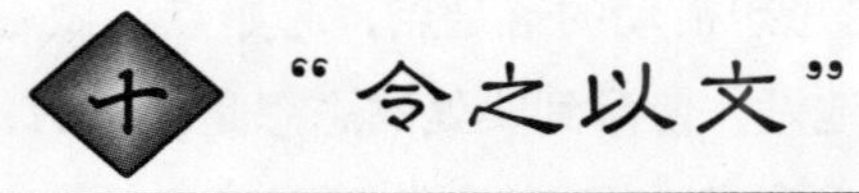

十 “令之以文”

《孙子·行军》说：治众要“令之以文，齐之以武”。

什么是“令之以文”？“文”，政治道义。句意是用政治道义来教育士卒。什么是“齐之以武”？“武”，军纪军法。句意是用军法军纪来齐肃士卒的行为。“令之以文，齐之以武”，全句话的意思是，用政治道义来教育士兵，用军纪军法来协同全体士兵的行为与步调。这句话用通俗的语言来说，就是对士兵要做好思想政治工作，做好法的行为齐肃工作。

让我们就这“令之以文，齐之以武”的话，分前句、后句两个部分分别地说些话，本题说前“令之以文”。关于“齐之以武”，让我在下一个题目中去讨论。

“令之以文”，对士卒做思想政治工作。用什么思想作标准做工作？按孙子的说法，用“道”（“道天地将法”的“道”）作标准，并使这个“道”“令民与上同意也”（《孙子·计》），即政治路线、方针政策、道德规范，并让民众所执行的“道”与领导所提倡的“道”一致起来，“上下同欲”（《孙子·谋攻》）起来。

思想政治工作是重要的。它是涉及做人灵魂的工作，使被工作者思想健康起来。俄国作家托尔斯泰说，“人或为肉体而活，或为灵魂而活。人为肉体而活——生命是痛苦的，因为肉体受苦受难，有生老病死。为灵魂而活——生命是幸福的”。做好思想政治工作，使人更好地为灵魂而活。

思想政治工作的重要性还在于，思想是行为之本，人的一切行为都是由思想发布指令而动作的，思想正行为才正，反之就歪，就邪。

思想政治工作，就是做人的工作。做人的工作要注意四条：一要尊重人，教育者、被教育者应持平等的态度，做工作者忌居高临下状；二要了解人，做有的放矢的思想工作；三要关心人，关心被教者的政治、生活等情况，有问题的帮助解决问题；四要教育人，尽量地提高被教育者的觉悟、认识。

“令之以文”，如何“令”？讲三点：入心，过细，持续。所谓“入心”，心是思想活动的落足点，起始点，做心的工作，细致入微地做，如谈心，真情地做，使落到实处的思想是健康的，使起始的思想是健康的。所谓“过细”，两种细：细细地做，不怕麻烦，一次又一次地做，让正确思想“随风潜入夜，润物细无声”；往细微处做，发现问题细微，解决问题细微。所谓“持续”，思想是演变的，是会随着环境的变而变的，所以我们的工作要持续地做，根据变化了的形势做。

《孙膑兵法·延气》认为做士卒的思想政治工作要在战争中全过程地做：队伍集结准备战时要“激气”；连续行军时要“利气”；兵临敌境时要“厉气”；进入临战状态要“断气”，今日将战要“延气”。

关于气，还要讲一个思想：就是夺敌之气问题。孙子说：“故三军可夺气，将军可夺心。是故朝气锐，昼气惰，暮气归。故善用兵者，避其锐气，击其惰归，此治气者也。”（《孙子·军争》）孙子要求我们，善夺敌人之气，夺敌人之气就是长自己之气。为此，要一鼓作气地夺敌人之气，要避其锐气、击其惰归地夺敌人之气。

十一 “齐之以武”

“齐之以武”，对士卒实行法的约束，对不遵纪守法的“武”之。

“令之以文”好，从思想觉悟面去提高士卒的政治、道德水平。但是也会有某些士卒不听你的教育，依然犯错，甚至犯大错，这样就必须用“齐”的手段了，“齐之以武”。

《孙子·计》中提出“法令孰行”，“赏罚孰明”。这“法令孰行”是属法的问题，那“赏罚孰明”实际也属于法的问题。同篇，孙子在说到“将”的素质问题时讲了一个“严”（智、信、仁、勇、严）字，这个“严”讲的实际也是“法”的问题，执法从严。

有一束长短不一的木条，为了做到齐，取均值，对过长的部分齐之，对过短的刷之。“齐”有严的性质。你读了本书本篇第二题“从宫廷演兵说起”的文字了吧，那孙武对宫廷演兵的妇女多严，累累不执行演兵之法者，斩，哪怕你是王的宠姬。因为这个“严”，使经过训练后的这批女兵，做到纪律肃然，若去战场虽赴汤蹈火也会勇往直前。

如何做到“齐之以武”，有这么几条需要注意：一是所“齐”的依据必须正确的、公正的、科学的。二要严。执法是严明的，严肃的。三要公，公平，公正，法律面前人人平等，谁触犯了法，平民也好，达官贵人也好，统统受罚。四透明，对犯罪的处置情况，张榜示之，起到杀一儆百的作用。

管理学中有一个热炉法则，说执法要像触犯热炉那样的严厉、公正、无私。严厉，你犯了法，如同触犯了热炉那样就要挨灼烫；公正，你犯了法，不管是民是官，如同挨了热炉一般，统统的挨灼烫受罪，大犯大烫，小犯小烫；无私，你犯了法，如同挨热炉的灼烫一般，现时现烫，不赊欠，不许赖账。

“令之以文”、“齐之以武”，类似的说法，古人还有，如有“文武之道，一张一弛”。是说，宽严相济，张弛有致，是文王、武王的治国经验。这里所说的文与武，和齐文齐武的文与武不全一样，但取其义借代之，其理是一致的，说的都是为治好国，治好军，或治什么，都要实行文与武的两手政策，光有文不行，光有武也不行，而且要使两者协调起来，配起伍来，要有张有弛地做工作。关于这，《孙子·地形》说：“厚而不能使，爱而不能令，譬若骄子，不可用也。”是说，对士卒光“厚”不行，光“爱”不行，若这样，这士卒就是骄子，是不能用的。

我们搞管理也必须实行“令之以文，齐之以武”方针，该“令”“令”之，该“齐”“齐”之，张弛有道，文武得体。

十二 “励士”

在兵法书中，我知道的写有“励士”篇目的书有两本，一本是《吴子》，一本是诸葛亮的《将苑》。只是《将苑》中的“励士”不叫“励士”，叫“厉士”，但“励”、“厉”两字通。

《吴子·励士》说：“举有功而进飨之。”飨者，盛宴款待的意思。你有功了，我设宴款待你。立小功，我小宴款待之；立大功，我大宴款待之。这实际是一种赏，用宴来犒劳、奖励立功之士。

《孙子·计》中讲了“校七计”问题。其中有一个计叫“赏罚孰明”。关于“赏罚孰明”问题，在前面讨论“令之以文，齐之以武”等题时已有所讨论，那主要是从“严”、“罚”的角度去说的，本题从“赏”、“宽”的角度去讨论。

关于激励问题，有很多激励的方法，赏是一法，罚也是一法。诸葛亮《将苑·厉士》就讲了这方面问题。诸葛亮提出的激励方法很多，说：“凡用兵之道，尊之以爵，瞻之以财，则士无不至矣；接之以礼，厉之以信，则士无不死矣；畜恩不倦，法若画一，则士无不服矣；先之以身，后之以人，则士无不勇矣；小善必录，小功必赏，则士无不劝矣。”诸葛亮在这里一口气讲了五个厉士之道：一给有功的士卒给官爵，给财货，若这样做了，士卒就会无不至；二用礼义、忠信激励士卒，若这样做了，士卒就会无不死；三给士卒以恩惠，法令画一，若这样做了，士卒对领导的指挥就会无不服；四将帅做事处处以身作则，后要求他人，若真这样做了，士卒必然是勇敢的；五是士卒有了小善、小功，做领导的不忘对他们的赏，那么士卒就没有一个不尽力去战的。归纳之，诸葛亮提出的激励方法有：尊爵；瞻财；接礼；厉信；畜恩；法一；领导者先之以身，后之求人；录善；赏功等。

把诸葛亮讲的种种激励方法经过再归纳得三类：一是赏，如尊爵、瞻财、畜恩、录善、赏功；一是罚，如法罚画一；一是教，如接礼、厉信、领导者先之以身，后之求人。

关于“赏”，赏什么？在这个问题上，在现代的“人事管理”等教科书中是个热门的讨论题目，有种种说法。美国人马斯洛从行为科学角度提出人的需求学说理论。他把人的需求分为五类：生理需求，安全需求，归属需求，尊重需求，自我重视需求，这五种需求呈层次关系，从下往上依次呈推进关系，认为人首先要给予满足的是生理方面的需求，其次是安全方面的需求，依次上推。马氏的观点是不是完全正确可以讨论。但我想，马氏的观点对我们执行赏罚政策时，是有借鉴价值的，就是必须实行按需而赏。

还有另一种激励方法叫“投之于险”的。激励你做“破釜沉舟”的努力，“背水作战”的努力，使死地变生地。关于这，孙子有说法：“投之亡地然后存，陷之死地然后生。”孙子在（《孙子·九地》）是这样说的：“投之无所往，死且不北，死焉不得，士人尽力。”这样，“投之亡地然后存，陷之死地然后生”的局面就出现了。

关于“投之于险”这种激励方式，在企业管理中也这样地被提倡着，那叫“救灾式管理”、“饥饿式管理”。企业处在困境时，企业领导人做工作，企业员工会产生背水一战的决心，与困难决战，使之产生化险为夷的结果。

“投之于险”的激励，也可作用于个人。假如你是领导，你在给某人下任务时就可适当加压（所加之压可稍大于该人在常态情况下所能承担的力），让这个稍重的压力对某人产生重担压快步、重椎捶响鼓的效果。

然而，我们必须严肃指出，在使用“救灾式管理”、“重担压快步”的激励方法时，请务必注意“度”，千万别让其“灾”、其“重”过度了，否则这个人是会被“灾”、“重担”压垮的。

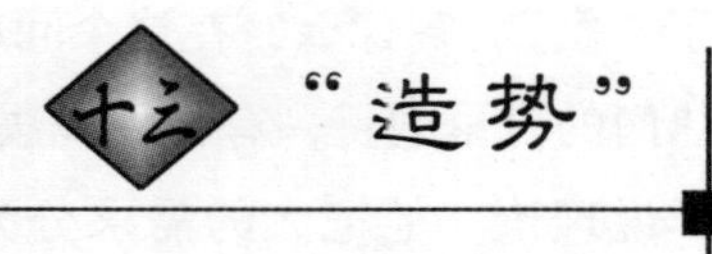

十三 “造势”

“势”是《孙子》中的一个重要概念。《孙子》中还有《势》篇、《形》篇两篇文字呢。

什么是“势”?《孙子·势》说：“激水之疾，至于漂石者，势也。”是说，汹涌奔腾的水把石头漂浮起来，就是势。同篇又说：“善战人之势，如转圆石于千仞之山者，势也。”是说，善于指挥作战的人会造势，造就一个如千仞高的高山上滚下圆形的石头来，那就是势。

《孙子·形》中也讲了一句与上述十分类似的话：“胜者之战民也，若决积水于千仞之溪者，形也。”是说，指挥者在指挥士卒作战时，要造一个犹如在千仞高的山巅上冲下溪水来，形成形与力。

关于“势”，孙子还讲了其他很多的话，再列举二段：“激水之疾，至于漂石者，势也；鸷鸟之疾，至于毁折（捕杀鸟兽）者，节（节奏）也。是故善战者，其势险，其节短”，“乱生于治，怯生于勇，弱生于强。治乱，数（组织指挥）也；勇怯，势（势态优劣）也；强弱，形（军力表现）也”。(《孙子·势》)

要探究一个问题，孙子讲“势”为什么分两词、两个篇“势”与“形”来讨论呢？这可能是因为如孙子自己所说的那样，与“勇怯，势也”，“强弱，形也”有关。是否是说，“形”反映的是物质运动中见之于外的东西，如战争表现为强弱；“势”体现的是物质运动中内在的质，如在战争中战士所表现的勇与怯。

孙膑也讲势。人们对孙膑有“贵势”、“尚势”的美誉。孙膑主张因势造势，根据不同的敌情、我情、天情、地情、阵法等各方面的条件造势，在他的兵法书中还写有《势备》的文字呢！

“势”的问题是重要的，你会下中国象棋吗？双方交战，我的人马比你强，比如比你多个车，但你的人马所占据的位置合理，就是说你得了地域之势，我呢，虽将多，但不占地域之利，结果我反输了，这说明得“势”的重要。

得势，就是要造就强大的攻击之势或地域有利之势，如集中优势兵力打击敌人，使之起着瓮中捉鳖、关门打狗的作用。你知道有个叫“兵临城下”的电影吗？说的是我中国人民解放军解放长春的事。故事描述的就是我解放军用强大克城之势包围敌军的城，终使敌军投降。

得势，关键是靠指战员们去造势，去造一个致人而不至于人之势。

还必须讲一个观点，势尽管重要，但作战最为重要的还是靠智，靠谋去作战，所谓“上兵伐谋”。因为这样做了，我可以打以少胜多之仗，以弱胜强之仗，也可减少我的伤亡。当然，即使我的兵力是兵强马壮的，是占据了优势兵力之势的，是占据了地域优势的，也必须善用智，善用谋。

说企业管理，企业管理也要谋势，如为企业谋一个强大的科研之力之势，生产之力之势，销售之力之势等。

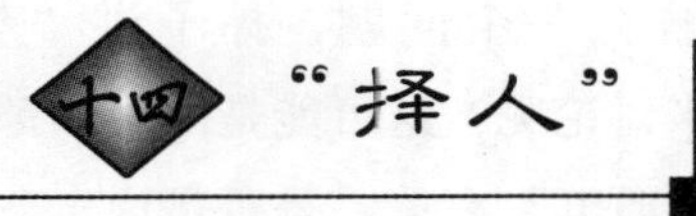

十四 “择人”

《孙子·势》说：“故善战（善于作战）者，求之于势，不责于人（不苛求下属），故能择人而任势（利用有利势态）。任势者，其战人（指挥士卒作战）也，如转木石。”

“择人任势”，选择好人，去创造好势，进而取胜敌人。

“择人任势”重要，人才重要，择人重要。世界上人是第一宝贵的，特别是人才。关于这，司马迁在《史记·匈奴列传》说：“尧虽贤，兴事业不成，得禹而九州宁。且欲兴圣统，唯在择任将相哉！”《吕氏春秋》还有这样的“绝江者托于船，致远者托于骥，霸王者托于贤”。

人才是资源，是管理中最为重要的、最为特殊的资源。他的重要性与特殊性在于：第一，他是稀缺资源；第二，求之不易，人才难得；第三，他有天然禀赋问题，更是刻苦努力而得的；第四，人才贵在实践，实践了，人才才能不断进步并发挥作用；第五，其他物质的材，用一寸少一寸，人才的材则不，用一寸却长几寸；第六，人才这个资源增值性最大，正确使用后，会使被管理物成倍成倍地增值。

人才重要，其例证多得无数，如吴王得孙武，魏王得吴起，齐王得孙膑。还有，周文王用太公望，齐桓公用管仲。再有，汉刘邦用张良，三国刘备用诸葛亮，唐太宗用魏征，明朱元璋用刘基等。上述的王们，因为有了人才的辅佐，都各自取得了辉煌的业绩。

做好择人工作要注意如下问题：

1. 知人。明黄之瑞《草庐经略·任贤》说：“天生贤才，自足供一代之用，不患世无人，而患不知人，不患不知人，而患知而不能用。”宋王安石说：“人才难得亦难知。”

2. 用德才兼备的人，而德为先。

3. 要据真实需要用人，不要为照顾私需而用人。唐李世民，三国诸葛亮都讲过这样的话：“为官择人者治，为人择官者乱。”（上语是李世民说的，诸葛亮说的与李世民说的略有出入，诸葛亮把上语的两句话颠倒了次序）

4. 择人不论亲疏贵贱。

5. 择人不计学历、资历、文凭，要看其真实的工作本领、水平。例如三国蜀的王平他斗字不识十个，在马谡守街亭中，所表现出来的聪明，就比有知识者马谡强。学历等仅供参考用。

6. 择人忌看门第，将门能出虎子，穷舍也能出奇士，例如刘邦用韩信，韩信幼小时是个卑贱的人，是胯下之徒。

7. 择人忌看长相。丑相的人，不见得是愚笨的人，例如三国时期的庞统，长相丑陋，但却有号称“凤雏”的才华；长相靓丽的，不一定是聪明者。

8. 择人不求全责备，金无赤金，人无完人，择其长而用。历险用骏马，犁田用苦牛。载重用坚车，渡河用轻舟。

9. 择人忌计前嫌，要像齐桓公用仇人管仲那样用人，齐桓公原名小白，当初，他与兄弟争王位的时候，管仲是站在他的对立面一边的，还用箭射中了他的衣服，但后来小白成王后，他据管仲的才，不计前隙地重用了管仲。

10. 用人忌看表象，看真才实学。

11. 要敢用能力超于己者。

12. 可疑之人不用、慎用。用了就不要胡乱猜疑，就是说用人不疑，使被用者能大着胆子工作。

十五 "分数(组织)"与"形名(信息)"

《孙子·势》说："治众如治寡，分数是也；斗众如斗寡，形名是也。"此话前半句中的"分数"，按曹操等人的解释，作"部曲"、"什伍"解，这些是属于组织方面的事，于是不妨就把它理解为"组织"。那么前半句话的语意是，治理众多人如同治理少数人一样，要用组织的方法来治。后半句中的"形名"，据兵书《军政》说，古人作战靠金鼓，靠旌旗传递信息，这些是属于形名类的东西，于是不妨就把它们理解为"信息"。那么后半句话的语意是，指挥大军如同指挥小部队的兵一样靠信息。

现在让我讨论本句话的前半句的"**分数**"问题。分数问题就是组织问题，这个问题是管理学的首要问题。管理的全部工作起始于组织。请读本篇2题"从宫廷演兵说起"的文字，在那篇的文字中可见，宫廷演兵就是从建立演兵组织开始的。

组织问题大致包含着如下原则。

1. 组织原则。此是管理工作首要问题。建立了组织才能实现管理。

2. 领导原则。组织有了，必然要有负责人，有领导。层层有组织，层层有领导。上一级管下一级，下一级服从上一级。头头管，管头头。

3. 指挥原则。领导是指挥者，号令发布者，领导的首要责任是指挥。

4. 制度原则。组织是靠制度来维系的，有组织必然需要制度。制度规定在组织中正做法与做法。组织所制定的制度必须科学合理正确。

5. 赏罚原则。制度明，要配合赏罚明。没有制度难成方圆，没有赏罚也难成方圆。赏罚要严，严得使组织中的人不敢去触犯它。那宫廷演兵中的兵在训练中，不执行制度，孙武就从严杀了兵们的头头，使后来的训练顺利进行，并取得显著效果。

6. 信息（形名）原则。信息在组织中起着命令传递、号令沟通的作用，使领导的指示顺利下达，使下属的情况顺利上达，使指挥顺畅执行。

7. 分工协作原则。组织是众的组织，组织中还会有组织，众组织共同地为完成某项创造而努力，这就需要分工了，并且互相间要协同。

现在让我们讨论本句话的后半句："形名"问题。"形名"问题就是信息问题。"斗众"如"斗寡"，就是说指挥众多人如同指挥少数人，靠"形名"，靠信息。

古时作战的"形名"，是用金鼓，用旌旗来发布种种作战命令的。如击鼓为进，鸣金为退。现在这种原始的指挥形式是不行了，代之以电话、发报、对讲机、报话机、扩音机、卫星、电脑、网络等传递工具。现代的战争打的是飞机、坦克、导弹、军舰、枪炮等之仗，实际也是在打信息之仗，谁的信息传得准，快，谁获胜的可能性就大。

信息在企业管理中的地位同样重要。它如同人之神经一样，在企业全身流动着。让情报、情况、消息、新闻等外信息流到内，又把自己的情况流传到外。在内信息中，通过指令、统计、生产报告、传票、台账等上下流动着，左右流动着，使生产、销售得以顺畅进行。

讲信息要讲三个字：准、快、全。准，准确，这是信息的生命，不准的信息是垃圾，甚至比垃圾的作用更坏。快，制胜的法宝。机不可失，失不再来，用快的信息搞研究，搞开发，搞生产，搞销售，抢占取胜的制高点。全，全面，尽量地全，不是片纸只字的，零星杂乱的，但也不是无休止地追求全。

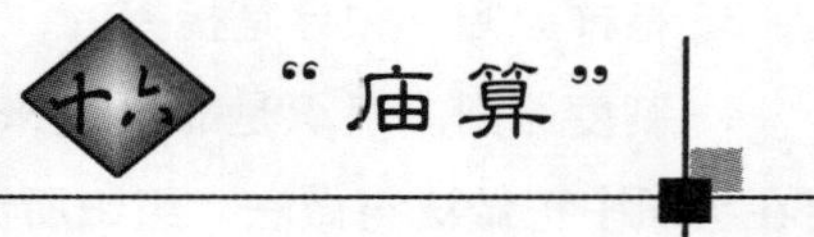

十六 "庙算"

《孙子·计》说："夫未战而庙算胜者，得算多也；未战而庙算不胜者，得算少也。"是说，未战要算，力求多算，多得胜算。若不是这样，少算，没有胜算，作战就会败。

何谓"庙算"？"庙算"者，决策也。是廊庙之算，祖祠之算，国家根本之算。国家在出征前，或在迎战前，国君常常会带着群臣，带着祭品，去廊庙、祖祠那里做祭祀，愿祖先保佑我作战获胜；并庙算，研究、决策我这个仗该如何打。

孙子认为："兵者，国之大事，死生之地，存亡之道，不可不察也。"（《孙子·计》）如何察？孙子提出：要"经五事"，"道"、"天"、"地"、"将"、"法"；"校七计"，"主孰有道？将孰有能？天地孰得？法令孰行？兵肿孰强？士卒孰练？赏罚孰明？"

细析，上述"五事"的"事"，"七计"的"计"，有些因素是相同的，如关于"道"、"将"、"法"等，这可能是孙子为了强调这些因素的重要性而同义反复之说。

上述"五事"、"七计"的每个"事"与"计"，构成了"庙算"的决策因素。这"事"与"计"，即庙算因素，可分两个部分：外因素，如天、地；内因素，如道、将、法、兵众、士卒、赏罚等。"庙算"就在考虑了上述种种庙算因素后，并与对方的这些相应因素作了比较后算计做出，力求我多得算，多胜算，使我的决策是上乘的，是有取胜把握的。

决策要考虑外因素问题，天候、天象、天气及其他的自然的天、社会的天等问题；要考虑地候、地象、地形及其他的自然的地、社会的地等问题。更要考虑内的情况，我的道，我的将，我的士卒，我的兵众，我的法令，我的赏罚，并与对方的相应因素作比较。然后做出你的正确决策。

上述外因素、内因素彼此是有关联的。外因素是自在值，要利用这个自在值为我服务。如三国故事中，诸葛亮利用天象条件进行"草船借箭"，

"借东风"，利用地象条件打博望坡之战，新野之战。还必须注意，外因素还常常在变的，我必须根据外因素的变而变。

说外因素，最值得关注的是作战对方的"外"，因为你是在与对方战，如对方的"五事"、"七计"情况。这也就是孙子所以反复教导我们在作战时，在"庙算"中，必须与对方进行"经五事"、"校七计"，强调要"庙算"，强调要多算，"得算多"，"多算胜"。

讲讲"算"的问题。打仗需要"算"，算我的情况，对方情况，并使之尽量多得算。是这样了就可以与对方战，反之就不能战。但是，算是相对的，不能无限制地去要求获知，不然会丧失战机的，有语说："六十算为上算"，当你有取胜的百分之六十把握时，就可以与敌方战，此说有理。

现在说企业商争。孙子说的是军争，军争是争，商争也是争。军争、商争两者就其"争"的一点来说，其理是相通的。为此，商争也需要庙算，也需要"经五事"、"校七计"，也需要"多算"，并力求"得算多"，以此，在竞争中取胜对方。

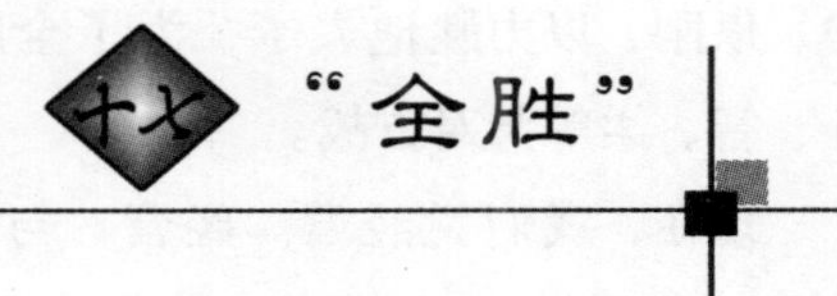

十七 "全胜"

孙子在《孙子兵法》"谋攻"篇中说："用兵之法，全国为上，破国次之；全军为上，破军次之；全旅为上，破旅次之；全卒为上，破卒次之；全伍为上，破伍次之。"是说作战力求取得"全"的胜。

“全胜”是“庙算”考虑的首要问题。

“全胜”的“全”，其求胜的境界是高的，取胜的效果是好的，我们必须为之努力。但是，“全”又是相对的，用孙子的话说，国、军、旅、卒、伍是分层次的，其胜，其破也分层次的。首先力争国的全胜，在不得的情况下，就用破的办法；不然争军的全胜，不得再用破的法；以下依次追求旅、卒、伍的全胜，不得就再追求各自的破，其理与上同。

孙子追求全胜，还说过这样的话：“百战百胜，非善之善者也，不战而屈人之兵，善之善者也。”主张“不战而屈人之兵”，为此，孙子提出：“上兵伐谋，其次伐交，其次伐兵，其下攻城。”（《谋攻》）主张以伐谋、伐交等办法去获取全胜。

“全胜”有两层意思：一是力求完全的胜，如全国的胜、全军的胜等，关于这，上面所说的就是这方面的理；二是力求以最少的损失获胜。

有两种获胜方法：刚胜，柔胜。刚胜是力胜，用力把对方打败。柔胜是谋胜，用谋为手段取胜对方。孙子主张追求柔胜，用谋、用智打败对方。说上述话，不是说刚胜不好，比如追求我有在千仞之山上转圆石下滚的那样的势，有决积水于千仞之溪者那样的势，追求犹如“关门打狗”那样的力，有“瓮中捉鳖”那样的力，那多好。但刚的胜是有条件的，自己的力量必须强大到足可以与对方拼。再，刚胜的胜常常是要付出较沉重的代价的，因此刚胜的胜不是上策的胜。

孙子极力主张柔胜，作“上兵伐谋”的胜，作“不战而屈人之兵”之胜。认为，这样的胜，即使自己的力量不够强大也能胜，是一种以弱胜强的胜，以少胜多的胜。还应该作这样认识，即使自己的力量足够强了，可以以势、以刚、以力胜他人了，为了全胜，为了减少自己损失，仍然要用谋、计、智、柔等与对方战。

现在，我们说经营。经营，与对手作竞争，也必须持上述态度，用“谋”，用“计”，用“智”，用“柔”，用“不战而屈人”等办法，与对手争。例如，在竞争前，要谋划好产业发展投向，谋划好正确的经营方针，经营方式，创造好的经营条件等。竞争了，尽量避开与对手作正面冲突，谋新，谋其他佳径，如做好广告，用好的经营方式，用好的经营点子等与对手争。

十八 “伐交”·“伐兵”·“攻城”

孙子在《谋攻》中说：“上兵伐谋，其次伐交，其次伐兵，其下攻城。”关于“上兵伐谋”问题，在上题“全胜”中已有较多讨论，本题讨论“伐交”·“伐兵”·“攻城”。

先说“**伐交**”。“伐交”就是与他国交好，使之形成联盟，与另一国对抗时，使我方处于有利的位置上。关于这，《十一家注孙子》李筌作注说：“伐其始交也。”“苏秦约六国不事秦，而秦闭关十五年不敢窥山东也。”

我在本篇第八题讨论“外治武备”问题时说过，“伐交”是“外治武备”的一项工作。本题讨论的“伐交”是从战的角度去说的。

“伐交”是弥补我国力不足，使之能与抗衡国抗衡的良策。历史上用这个办法使自己强大并取胜他国这样事例甚多。上面李筌说的苏秦约六国与秦对抗是一例，那叫“连横”，是说战国时期齐、楚、燕、韩、赵、魏等六国联合起来与秦国作抗衡。现在，再举两例，一例是：战国时期，魏国派庞涓为大将伐赵国，赵无力与之战，于是伐交，请齐国帮助，齐派田忌、孙膑与魏战，孙膑施围魏救赵的办法解了赵的困。又一例是：也是在战国时，秦伐赵，包围了赵的国都邯郸，赵伐交，请平原君出师楚国请楚救助，赵的使团中毛遂凭他的能言善辩，终于说动了楚王，救了赵，说明“伐交”的重要，说明“三寸之舌”的重要。

再举一则更典型的例子。三国时期，刘备与曹操对抗，曹强刘弱，刘怎么办？刘方的谋臣诸葛亮向刘备献策：伐交，与孙权伐交。伐交后使刘、孙之力，产生出如几何学所讲的那样两边之和大于第三边那样的效果。是这两边之和之力火烧曹操于赤壁，是这两边之和之力使刘备立足于世，是这两边之和之力使刘备成为三国中的一个国——蜀国。后来，由于蜀的关羽骄横，使孙刘联盟断裂，伐交告吹，蜀陷入严重困境之中。经过诸葛亮努力修补，刘、孙重归于好，使蜀得能与曹魏再战。

“伐交”是重要的。其实，“伐交”是“伐谋”中应该考虑的一个内容，比如,诸葛亮为刘备所作的“隆中对”决策中,就有这样内容:“西和诸戎,南抚夷越,外结好孙权”。

“伐交”是一种借外力为己力的一种手段,使用它是有条件的,使用中不能做有失自己尊严的事,不能搞屈辱外交,自己务必图强,图强才是自己真正的根本出路。

“伐交”,在现代更显得重要。它是安定国家建设环境,取得友人帮助,搞好建设所必需的。

次说“**伐兵**”。“伐兵”,就是你兵与我兵的直接较量,争胜于白刃之中。伐兵,这就要看自己的真正实力了,这时,兵众显得特别重要,士卒显得特别重要。

“伐兵”会有牺牲,会损伤财货,有败的风险。所以此法,按孙子的看法是属“伐谋”、“伐交”之后的下法。但是,我认为这是兵的常法,打仗怎么能有不牺牲的兵卒呢?为此,我们务求强我的兵力,强我士卒,强我兵众。

说商争,商争中,你企业的商品,我企业的商品直接较量;你的品牌,我的品牌直接较量;你的商标,我的商标直接较量;你的销售,我的销售直接较量;你的广告,我的广告直接较量;你的价格,我的价格直接较量;你的服务,我的服务直接较量。凡此种种直接较量,都是“伐兵”问题,我们必须拿出“致人而不至于人”的本领来取胜他人。

最后说“**攻城**”。“攻城”是孙子所说的“兵”之四策(伐谋、伐交、伐兵、攻城)中下下之策,被孙子称之为“为不得已”。这种战,“所害者多”,“费财役”多,“或未克”(上引语,均为《十一家注孙子》中注家的话),尽量不要采用为好。

“攻城”的现实意义有没有呢?假如把它理解为攻克某项科研内容,尖端技术,这个“攻”,我认为还是有存在价值的。对这样内容的攻,确实是需要拿出“攻城”的决心与气魄来的。

十九 “先知”

关于“知”，在《孙子》一书中，出现“知”字的达70余次之多。孙子说“知”主要有三种用法：作知识讲；作求知讲；作情报、信息讲。作最后一种讲的在《孙子》一书中主要有三处：一处是在《谋攻》中说的，“知彼知己者，百战不殆；不知彼而知己，一胜一负；不知彼，不知己，每战必殆”。一处是在《地形》中说的，“知彼知己，胜乃不殆；知天知地，胜乃可全”。一处是在《用间》中说的，“成功出于众者，先知也”。

孙子在《谋攻》等中所说的“知彼知己，百战不殆”的“知”，所要了解就是指情报、信息等那些东西。情况明，信息准，作战决策就可能对，作战的胜利才有可能成真。

因为“知”的重要，所以作战各方总会不遗余力地派探马、细作、谍报员，甚至派生间、死间等间谍去获取对方情报、信息。

“知”不仅要知，而且要首先获得他人未知的知，即“先知”。谁得先知，真知，谁就会在作战中处于主动地位、有利地位，谁就胜。

主要地要获两个方面“知”，知彼，知己。此外还要知天知地。既知彼了，又知己了，又“知天知地”了，作战就会“百战不殆”，“胜乃可全”。

关于知彼知己的彼与己应该做这样的了解，我是己，离我的就是彼。

在一般情况下知彼难于知己，因为在作战中的“彼”是决不会轻易地让你去取得他的信息的，甚至还会制造假象“诡道”欺骗你，如“能而示之不能”、“用而示之不用”等，使你上当受骗，进而取胜你。

一般要经过三个阶段才能获得真知：直觉的知（接触的知），即感性的知；比较的知，经过比较所获得的知；理性的知（理智的知），是经过头脑反复思考过的知。上述三种知都有存在价值，它们之间呈顺序推进的关系，最宝贵的是获取第三种的知。

在你得到了对方的信息后，即直觉的知后，你必须作判断，使之不出现如曹操对蒋干“间”得的“知”做错误判断那类的事。还要正确看待自己，在判断自己时，忌主观，忌戴有色眼镜。然后与对方比，作对比时也务必实事求是，以求得理性的知，以做出正确的或你高我低，或你低我高那样的判断来，然后采取对策取胜对方。

“知”的问题，在现代仍然十分重要。我们做任何工作，包括管理，都需要获知。“知彼知己，百战不殆”的话，是被毛泽东称之为“孙子的规律”、“科学的真理”的，我们务必深深地、牢牢地记取这个“规律”，这个“真理”，并在工作中、生活中实践之，获知获知再获知。

我们说企业管理，你与他企业开展竞争，你也必须获得对方的知，知其长短，知我长短，然后采取正确对策与之战。

下面写一段关于企业优劣处分析的做法，此法在企业管理中被称之为SWOT分析法。S(Strength)优势；W(Weakness)劣势；O(Opportunity)外部机遇；T(Threat)外部威胁，就是说，在企业开展外间竞争中，要作上述的SWOT分析，然后确定你的竞争战略与策略。我想，介绍此法，这样做，对于我们理解孙子的知彼知己，知天知地思想是有帮助的。

“权变”，用某种物作标准变。比如用利为标准变。

关于“变”。《孙子兵法·虚实》中说：“水因地而制流，兵因敌而制胜。兵无常势，水无常形，能因敌变化而取胜者，谓之神。”此话是说，水是避高趋下的，兵是避实就虚的。没有常态的兵，也没有常态的水。能够做到据敌情的变化而变化与之战的人是神。这句话是说“变”重要。

关于“权”。《孙子兵法·军争》说:“悬权而动”,是说作战是根据“权”而采取动作。“权”,秤锤。衡量轻重要用“权”。权衡作战的利,作战的弊,然后采取相应的对策战之。《孙子兵法·计》说得更清楚:“因利而制权也。”用“利”作为“权”来考虑问题。

仗总是这样打的,你来枪我来刀,你一招我一式,百种打仗,百种打法,这就叫应变。

关于“变”,还有更深的学问。“变”是世界事物的本源,是事物存在的根据,是事物运动的物质反映。世上事物无时无刻地不在变化着。可以说,没有变化,这个世界就不存在。

变,总是因事物的变而变的。就战事言,我必须注意敌方的情况,敌变我变,还有“天”的情况,“地”的情况作变。水是因地而制流的,兵是应变而制胜的。我必须主动地去应变,据敌情形势变,据天据地变,据战争规律变,变被动为自为。反过来也一样,我变也会引起他事物的变。

“变”在《孙子》一书中还有更多的讨论。孙子还写了一篇叫《九变》的文章。《九变》的“九”作何解?有不同的认识,有说是实指的,是说打仗有九种情况要区别应变;有说是虚指的,泛指多,是说打仗有多种情况要应变。但是,据《九地》所列出的“地”有五种。对这个“五”,《十一家注孙子》张预作注说:“举其大略也。”总之,“变”是多的,作战应多多的变。孙子还这样说变:“声不过五”,“色不过五”,“味不过五”,但它们的“变”,却是“不可胜听”,“不可胜观”,“不可胜尝”的(《势》)。

《吴子兵法》写了一篇叫《应变》的文字。这样写:魏武候问兵,吴起答兵。魏武候接连地提出了九个问题,如敌“车坚马良”等我怎么办,吴起一一据情作答。

《孙膑兵法·威王问》说,孙膑在回答齐威王的关于作战的九个提问及田忌的关于作战的七个提问,孙膑一一作答,而且还说,“胜不可一”,意思是取胜没有常法,总是据情而变而胜的。

上述,孙子也好,吴子也好,孙膑也好,他们三人都讲了“应变制胜”的问题。由此,我们可以得出这样一种看法,作战取胜是没有常法,但是“应变制胜”却是取胜永恒不变的常法。

上述道理可以广而用之,世界上做任何事若想取得成功都应该这样做,包括企业管理,企业竞争。拿企业竞争说,竞争中必须根据你的竞争对手的情况变而变,根据外部环境形势的变而变。国家政策、国家法律等大环境变了,我要变;企业的小环境变了,即具体的工作环境变了,如企业的协作者、消费者、原材料供应者、资金供应者、运输条件保障者等情况变了,我也必须作相应的变。

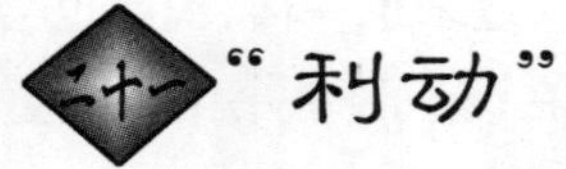

二十一 “利动”

上题讨论“权变”。“权变”,因“权”而变。上题中还说,“权”的尺度是“利”。本题所讨论的“利动”就是以“利”作权而动。

“利动”,孙子是这么主张的。他在《火攻》中说:“非利不动,非得不用(用兵),非危不战。”在《计》中又说:“计利以听”,“因利而制权”。在《九地》中还说,“合于利而动,不合于利而止。”所有这些,用简明的语言来说,就是“军争为利”,“悬权而动”(《军争》)。关于“悬权而动”,张预作注说:“悬权于衡,量知轻重,然后动也。”语意是,悬挂秤锤来衡量战的胜负、轻重,得利的我动,不得利的我不动。

作战悬权,对我有利我动,大利大动,小利小动,不利不动。关于这,孙子在《计》、《作战》等篇目中都有论述。列举两则:一举《九变》中的话,孙子在讲了“涂有所不由,军有所不击,城有所不攻,地有所不争,君命有所不受”等话后说,“故将通于九变之地利者,知用兵矣”。二又举《九变》孙子在讲了上段话后的议论说,“是故智者之虑,必杂于利害。杂于利,而务可信也,杂于害,而患可解也”。是说,英明的指挥者在考虑问题的时候,总是考虑问题的利和害两个方面。在有利的情况下考虑不利方面,使事情得以顺利进行;在不利的情况下考虑有利方面,使祸患得以清除。

上述孙子讲的第二段话很好。它告诉我们作战在不少情况下总是利弊并杂的。既要考虑利的一面,又要考虑弊的一面。在有利的情况下,考虑弊,并想办法避开弊,化解弊。在困难的情况下,不灰心,不丧气,考虑利,发展利,使弊转化为利,使利增利。这种做法叫什么呢?叫“趋利避害”。

关于利弊问题还要讲一个观点:明显的利与隐藏的利的问题,与之对应的明显的弊与隐藏的弊的问题。它要求我们慧眼识利弊,不要为一时的利而高兴,或为一时的弊而烦恼,冷静想问题,超然思正误。有时,为长远利益暂时损失些什么也不必大惊小怪;同理,你也不必为局部之胜而费神费力,因为这样做从根本上说却是错误的。

利有全局利益、局部利益之分,有长远利益、一时利益之别。作战务求谋全局之利之胜,而不是谋一域之利之胜;谋长远之利之胜,不谋一时之利之胜。

现在我们说说管理方面的问题,管理也要讲“计利以听”,讲“因利而制权”。比如,你搞竞争,你总希望获胜,希望多得点利,多得点效益多赚钱。企业有这个愿望并不错,但必须强调一点,有人提出企业要追求“利润最大化”,我认为这个观点欠妥,首先所谓最大化的“最”难以界定。最大化,必然会导致追求的无休止化,这样做对社会言危害无穷。还有,企业是社会的一员,你所以能生存在社会中,有众多单位为你提供服务,如有人为你提供生产用的原材料、资金等,你怎么可以去搞什么利润最大化呢?你的企业社会价值去了哪里?

我还想讲一个观点,企业竞争中,可不可以搞个以“双赢”为目标的竞争呢!竞争中我赢你也赢。彼此礼让些,互相让点利,不死斗,不搞你死我活的争。这样就会互不损失,你好我好大家好。

人是需要一定的利的。马克思说:“人们奋斗所争取的一切,都同他们的利益有关。”(中共中央马克思恩格斯列宁斯大林著作编译局编:《马克思恩格斯全集》第1卷,北京,人民出版社,1995)但我认为,人需要利是一回事,逐利是又一回事。一个人生活在社会中身无分文不行,但为逐利,为使自己腰攥万贯胡作非为更不行。

二十二 "胜战"

《孙子·形》说:"胜兵先胜而后求战;败兵先战而后求胜。"是说,善战者先做好战的准备工作,然后再与敌战;不善于作战的人,先与敌人战,然后再去求取胜利。前一种的作战打的是必胜之仗,后一种打的是侥幸取胜之仗,结果是要吃亏的。

关于这种思想,在《孙子》一书中累见,如上《形》中又说:"善战者,先为不可胜,以待敌之可胜。不可胜在己,可胜在敌。"《虚实》中说,作战要"致人而不至于人(我主动而不是他人主动)";《九变》中说,"用兵之法,无恃其不来,恃吾有以待也;无恃其不攻,恃吾有所不可攻也"。此话讲得明白,敌人所以不来侵袭,是因为我们有准备;敌人所以不来攻击,是因为我们有足够之力不可被攻。

诸葛亮在《便宜十六策·治军》中说:"智者先胜而后求战,暗者先战而后求胜。"他在他的兵书《将苑·将诫》中还有这样的话:"先计而后动,知胜而始战。"

前面我们已经讲了很多取胜之法,如庙算、伐谋、先知、造势等,这些无疑是十分重要的,但是,仗还是靠打才能取得最终胜利的。打仗靠准备,匆匆而战,贸然出战,依然难免有失败的危险。庙算、伐谋、先知、造势等是作战取胜的先决条件,不是取胜完全条件,充分条件,必成条件。只有把庙算、伐谋、先知、造势等工作搞好了,而且把战争的各种准备工作做好了,用孙子的话说,做到"先胜后战"了,胜利才有可能实现。

让我们举一个著名战例以说明问题。举三国孙权、刘备联合火烧赤壁大败曹军的例。孙权方统帅是周瑜,刘备方主角是诸葛亮,曹操方主角是曹本人。这场仗,曹军出动的号称百万(实际 80 万)人,孙刘方合起来远不到十万人。孙刘方作战的庙算方略已定,孙刘联合与曹军战,用火攻。并做了大量的"先胜后战"工作,主要有:已有黄盖用苦肉计的方法去曹那儿纵火;已有庞统去曹操那里向曹献计,请曹把战船连锁起来便于纵火,获曹认同;周瑜用反间计诱蒋干上当,继而骗得曹操上当杀了曹方的两位水军将领;诸葛亮利用大雾天向曹军“借”得十万支箭;利用曹操派往吴的奸细,向曹示弱,使曹产生骄态;诸葛亮设祭坛,向老天爷借东风;诸葛亮部署陆地兵力拦击曹操;如此等等,孙刘联合做了一个细致的“先胜后战”的准备工作,撒下了胜曹大网,结果火烧赤壁,曹军大败,曹操险些丢了小命。

“先胜后战”是军争的原则,也是企业间竞争取胜的原则。打仗要打有准备之仗,商争也要打有准备之仗。你企业决策已定,竞争的决心已定,就要做好各种与对方战的准备工作,如选好办厂的地址,选购设备,选用人员,准备资金,做好物质生产准备工作,把企业的人财物、产供销等各方面的准备工作,把组织工作做得细细致致,周周到到,然后与对方竞争。

二十六 “奇正”·“攻守”·“虚实”

孙子谈战讲了好几对矛盾关系,如“奇正”·“攻守”·“虚实”等。在这里,我选取三对矛盾关系作讨论。

1.“奇正”。《孙子·势》说:“三军之众,可使必受敌而无败者,奇正是也。”又说:“凡战者,以正合,以奇胜。”是说,当敌人进攻的时候我不败,靠的是运用奇正变化之术。在作战中,要用正兵御敌,用奇兵取胜。

什么叫奇正?奇者,出其不意是奇,攻其无备是奇,抛弃老想法,巧思新道道是奇。奇思妙想,奇谋巧计。正者,正常、常规。

战事中何谓奇?何谓正?一般之战为正,特殊之战为奇;合战为正,后出为奇；正面战为正，旁边战为奇；静为正，动为奇；明战为正，偷袭为奇；实动为正，佯动为奇；前向为正，后却为奇；主阵为正，辅阵为奇；如此等等。用一句话表述之，就是常法为正，变法为奇。

作战中"奇"太重要了，能出奇的就能胜，这样的例子太多了，列举两则：一例，三国期间，周瑜刁难诸葛亮要诸葛亮在几日内造箭十万支，诸葛亮出奇，利用大雾用草船向曹操借箭。二例，蜀将马谡失蜀的战略要地街亭，诸葛亮被迫守西城，司马懿率大兵攻，诸葛亮此刻无兵可以还击或守城，结果诸葛亮一反常态，摆了一个空城计与之对抗，却吓退了司马懿。

"智"、"谋"是"奇"的摇篮。"奇"是"智"、"谋"孵化出来的，催化出来的。出奇是无穷的，孙子说："善出奇者，无穷如天地，不竭如江河。"(《势》)还说："战势不过奇正，奇正之变不可胜穷也。"(同上)关键是"智"与"谋"。

"奇"与"正"是对立而存在的。说"奇"重要，不是说"正"没有用。孙子说得好："以正合"，正是抵御他人进攻有效之法，当然这个抵御也必须出奇，不能胡乱地与敌人硬拼。

"奇"、"正"是对立而存在的，而且呈互为转化关系。某奇法，你老用，就会演化为正法，就不足为奇了。同理你久不用某正法，偶然用之却成了"奇"。比如，假如诸葛亮若二次再摆空城计，司马懿肯定不会再上你当了，因为它已经不是奇法了。

2."攻守"。孙子有这样的话："不可胜(敌)者，守也；可胜(敌)者，攻也。"(《形》)

作战总是有"攻"有"守"的。"攻"好，因为你主动。但是你持攻势状，你就有可能留下后方空虚的弊端，你是会被对方乘虚而入的。"守"也不见得不好，守，积蓄力量，窥探时机，待机反扑。

是否应该作这样认识，应该兼有攻守两套本领，该攻时攻之，坚无不摧地攻之；该守时守之，固若金汤地守之，以拖垮对方战斗力。关于这，孙子说："善守者，藏于九地之下；善攻者，动于九天之上。"(《形》)在取攻状或守状时，应该按照《孙子·虚实》中所说的去做："攻而必取者，攻其所不守也；守而必固者，守其所必攻也"，"善攻者，敌不知其所守；善守者，敌不知其所攻"。

3."虚实"。孙子专门写了一篇叫《虚实》的文字，其中说："兵之形，避实而击虚。"在该篇文字中还要求我们作战时，避他人之实，击他人之虚，做到

"出其所不趋，趋其所不意"；"攻而必取者，攻其所不意也"；"守而必固者，守其所不攻也"。

上面说的"奇正"等术，在商争中也是值得应用的。比如你在竞争中你就应该善于出奇，如商品出奇，广告出奇，销售出奇等。在做生意中要善攻善守，该推出新对策时推之，该退却时退之。在与对手竞争时，要击他人之虚，避他人之实，避我之虚、之短，扬我之实、之长。

二十四 "迂直"·"分合"·"速久"

孙子在《军争》中说"迂直"·"分合"·"速久"等几对矛盾关系，让我们讨论这几对矛盾关系。

1."迂直"。做事情"直"好。什么是直，把这两点之间用直线连起来，这条线就是直。直，直线距离，直径，短，走近路，迈近道，好。但有时是"迂"好，"迂"，虽然要多走点路，但可避开直线路上可能遇到的险。前一种走法还可能出现欲速则不达的情况。举个例子说，你在过泥泞地的时候，你就不能直着走，你就得绕道行，这样可以安然。你知道怎么向目标放炮吗？你就不能直着放，要曲着打，让炮弹走一个抛物线的路，使它坠落在你要攻击的目标上。你知道孙膑的"围魏救赵"的故事吗？孙膑所实行的战争之策就是"迂直"之策，不直接救赵，却攻魏，通过攻魏救了赵。这种做法是孙子的主张，孙子说："以迂为直"，"先知迂直之计者胜"（《军争》）。

举一个商业的例子以说明问题。日本人在美国做汽车生意。起初，日本人宁愿吃亏也要去打开美国的汽车市场，他们给美国年轻人免费授课，讲日本汽车小巧、节油、省钱等特点。几年后，这些美国年轻人成长起来了，日本车自然地在美国汽车市场上占有了一个相当大份额之地。日本商人这个做法就是知迂直之计的做法。

2.“分合”。作战靠合兵，合兵力量大，集中优势兵力打击敌人，关于这，孙子有这样的话：“我专而敌分。我专为一，敌分为十，是以十攻其一也。”（《虚实》）当然作这样说，不是说“分”一无用处，“分”，有机动灵活的优点，“分”还是一种“奇”，用“分”搞“出其不意”，搞“攻其无备”，搞突击，搞偷袭，搞游击，其作战效果是很好的。关于“分合”是否应该这样，需要合的时候，就合之，集中优势兵力胜敌人；需要分的时候分之，如搞什么突击等，以取胜敌人。

3.“速久”。“速”、“久”的词是我杜撰的，是按照《孙子·作战》的“兵贵胜，不贵久”的话衍生出来的。孙子的话，用通俗的话来说就是“兵贵神速”。关于这个思想，在《孙子》一书中多次可见，如在《谋攻》、《九地》、《间》等篇中都有论述。《作战》说：“其用战也胜，久则钝兵挫锐”，“兵闻拙速，未睹巧之久也”。孙子认为，兵久会影响军心，会国用不足，会人心不稳，会引起外患发生。当然，我也认为，久虽然不是好事，但在自己实力确实不济时，也只能权且久之，打持久战，静待时间，努力图强，伺机出击，这样做，不见得全是坏事。三国时，诸葛亮六出祁山与司马懿对阵于五丈原，司马懿就采用坚守不战之术，是这个“久”使司马懿获成功。

以上说的“迂直”等术，在商争中有使用价值。如“迂直”术，你在做商业生意时，你不能只图赚大钱，做一口吃成大胖子的生意，却要“迂直”地做：“宁肯一分钱做煞，不搞二分钱做煞”，“三分利吃利，七分利吃本”。又如“分合”术，在企业管理中，要注意“兵贵权一”，如集中领导，统一指挥，又如集力搞新品开发等。但也必须注意“分”，分权，分力，大伙事情大伙干，众人拾柴火焰高。再如“速久”术，企业管理也求兵贵神速，时间就是生命，效率就是财富，求快速获得信息，求快速开发新品，求快速生产新品，让产品快速进入市场出效益。但是，我认为，在力求快的前提下，要量力行之，做一点经得住寂寞考验的事，也不能算错。

“运用之妙，存乎一心”

“运用之妙，存乎一心”（《宋史·岳飞传》），此语是岳飞说的，是从兵法角度说的，原话是这样的：“阵而后战，兵法之常；运用之妙，存乎一心。”“运用之妙，存乎一心”的意思是在打仗、作战中为了取胜，必须靠心、靠智去战之。

经在书内，又在书外。打仗不能不读兵经，但不能死读兵经。关键的关键是要“存乎一心”。战国时代名将赵奢的儿子赵括，少时读兵法，父亲考问他关于兵法知识，他对答如流。后来他代替廉颇率领赵四十万大军与秦军战，在长平之战中大败。问这是为什么？原因在于赵括死抠兵法条条，不知通变，不知道一个“活”字，导致赵军全军覆没。这样的事例还能举出若干，比如三国中蜀将马谡败失街亭，也是犯了死抠兵法教条而败的。

打仗，双方交锋是一件非常复杂的事，内含种种矛盾，如彼与己，知与不知，功与守，奇与正，虚与实，分与合，迂与直等，你作简单套用兵法上某些话肯定是不行的。这时，最为重要的是一个“活”字，活学活用兵法，是一个“心”字，用心，用智，用谋与之战。在兵经中找启示，在兵经外想办法。

“运用之妙，存乎一心”，是用兵艺术。它要求我们在用兵中，在兵经指导下，考虑问题时务求全面，具体问题具体分析，要知卒之可击，也要知卒之不可击；要求我们学会联系地去看问题，不僵死，不呆板；要求我们发展地去看问题，从“现在时”出发，想“过去时”，究“将来时”，再想将可能出现的“发展时”；要求我们善于抓矛盾，抓“牛鼻子”，抓主要矛盾，抓矛盾的主要方面；要求我们善于用“心”，用“智”，以此去想战中的复杂问题。

我们说管理，管理也同样要这样做。学范蠡把兵法思想活用到商的经营之中去，使之成为像“陶朱公”，成为有“十九年之中三制千金”之富那样的人。学白圭“乐观时变”的经营术，“人弃我取，人取我与”，使他成为“盖天下言治生祖白圭”。

举两则在经营方面有关“运用之妙，存乎一心”的例。宋朝时，一次，临安城失火，一位姓裴的商家店铺遭灾。该店的裴老板不去救自己店铺的火，却带了一批人去外地大购竹木砖瓦等建筑材料。火灾过去了,人们纷纷要重建房子,此刻的裴老板就利用这些购得的建筑材料大赚其财,他所赚的钱要远远大于他的店铺所遭受的损失,裴老板的成就是他善于“乐观时变”,善待“虚实”,善于运用“存乎一心”之成。又例,清朝年间,山西太谷一曹氏商人,某年,见该地高粱长势很好,觉得蹊跷,掰下几枝察看,发现茎内有虫。于是他连夜组织人收购当地人家中高粱。当时人们的心态是,认为地里高粱长势良好,丰收在望,都把家中的陈粮卖出。但是,事实是地里的高粱全被虫子咬死歉收。曹氏再把他采购所得的高粱卖出,由于他有“存乎一心”的这个心计,获大利。

学兵法重要的是“活”,活学活用,“存乎一心”地把兵法学好,并应用到实际工作中去。

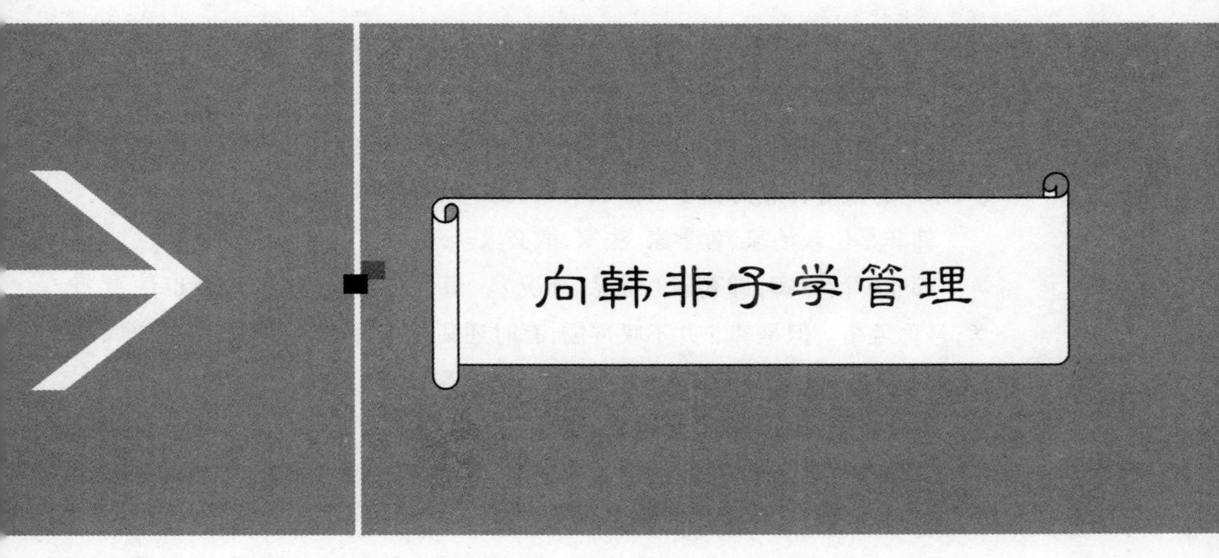

向韩非子学管理

韩非子其人其书

韩非其人。韩非(约公元前280年—公元前233年),战国韩国人,贵族子弟。人们尊称他为韩非子。这是宋以后的事,在这以前,人们尊称他为韩子,宋后有人尊韩愈为韩子,为区别,人们改尊称他为韩非子。

韩非是位政治家、哲学家、法家、散文家。

韩非师读荀卿,即荀子(荀况,孙况)。荀子与孟子齐名,荀子也信奉儒学,号称孟荀。但是韩非并不膜拜儒,有时还猛烈地抨击儒学,把"儒"说成是"五蠹"中的一"蠹"。

韩非口吃,不善言词,却善文,能写一手好文章。

韩非是位法家,主张用法来管理国家,但不是法家的宗师。然而却是一位集以前与他当代各法家思想精华的大成者。

韩非继承了管仲、李悝、吴起、商鞅、李斯等人的"法"的思想,继承了申不害关于"术"的思想,继承了慎到关于"势"的思想。他还汲纳了其他的如子产、西门豹等人的"法"的思想。

韩非热爱祖国——韩国。关于这,在司马迁所著的《史记·韩非列传》有记载:"非见韩之削弱,数以书谏韩王,韩王不能用"。

韩非作《孤愤》、《五蠹》等十余万字。他的文章被传送到秦国后,秦王嬴政十分钦佩地说:"嗟乎,寡人得见此人与之游,死不恨矣!"急着想得到韩非,急着想攻打韩国。

秦王嬴政终于得到了韩非,十分高兴,但对韩非规劝秦不要攻韩一事不满,并没有信任、重用韩非。

韩非的才华,遭到秦的李斯的妒忌,因为韩非揭露姚贾德有问题,姚贾也嫉恨韩。于是,李斯、姚贾俩双双设计陷害韩非,在秦王那里说韩非坏话,被秦王投入监狱,最后被李斯等人用毒药毒死,时年四十余岁。

韩非子其书。据《史记·韩非列传》说:"悲廉直不容于邪枉之臣,观往者得失之变,故作《孤愤》、《五蠹》、《内外储》、《说林》、《说难》十余万言。"这十余万言，计有五十五篇。这五十五篇，除司马迁指出的《孤愤》等五篇外，还有《初见秦》等多篇。这五十五篇的文字中，有些篇可能不是韩非所写，是他人托韩非的名而写的，如《初见秦》。

韩非书五十五篇，其内容大致有三大部分：一类是比较纯粹地发表他的某些见解的，如关于法思想等见解的；一类是以讲故事的形式来述说他的某些观点的；一类是既发表议论又讲故事，夹叙夹议地来发表他的一些观点的。

一 韩非子《解老》与《喻老》

韩非子信奉老子，在他的著作中有《解老》、《喻老》两篇文字。所谓《解老》、《喻老》，就是解、喻《老子》思想。《老子》主要是一本讲哲理的书，所以在《韩非子》的一书里，特别是在《解老》、《喻老》两篇文字里，也讲了不少关于哲理方面的话，且讲得很精辟。

韩非子的《解老》、《喻老》这样写，把《老子》的话中有选择地抽出几十句话来，然后对这些话发表见解。

韩非子从《老子》一书中抽出来的作讨论，我再有选择地挑若干作介绍。

1. 关于“道”。《老子》通书讲“道”，韩非子也议论“道”。韩非子在《解老》中这么说：“道者，万物之所然（支配）也，万理之所稽（依据）也。”韩非子这话，是唯物主义的话，认为万物是“道”支配形成的，其理是以“道”作为依据而存在的。

2. 关于“无为”。《老子》一书十多次使用了“无为”这个词。著名的有第三章上说的"为无为,则无不治"的话。是说,为,我无为,那么天下就没有不治的事。韩非也讲"无为",这么说:"上仁为之而无以为也。"意思是,上仁的人做事有所作为,却是从无意作为中得来的。韩非子的观点与老子说的完全一致。这个无为之为,必须是"道法自然"的,是"君无为,臣有为"的,是"治国若烹小鲜"的。

3. **关于"祸福"**。《老子·五十八章》说:"祸兮,福之所倚;福兮,祸之所伏。"韩非子在《解老》中认同了老子这个观点,类似老子所说的那样:"福本于有祸","祸本生于有福"。祸与福是对立而存在的,没有祸也就没有福,没有福就没有祸。福好,鲜花好,掌声好,但花有谢的时候,掌声有息去的时候,此刻可能会有祸的出现。同理,祸过后,也会有福的来临。所以,老子、韩非子要求我们在福中不要高兴过度要想着祸,在祸中不要悲观过度要想着福。

4. **关于"不知足"**。《老子·四十六章》说:"祸莫大于不知足。"韩非子在其著作《解老》、《喻老》中两处引用了上述的话,并有议论。韩非这么说:人没有羽毛,所以要穿衣服;人有肠胃,所以要吃东西。因此人有贪图利益的心理,可以理解。但不能过头了,若这样就会出现祸殃。因此韩非说人是不能有不知足的心态的。

5. **关于"有余与不足"**。《老子·七十七章》说:"损有余而补不足"。韩非也讲了上述的话,是在《观行》中说的:"故以有余补不足,以长续短之谓明主。"是说,作明主的应该是取他人之余补己之缺,取人之长补己之短。"有余"与"不足"是社会现象,普遍存在,永远存在。有点差别没有坏处,可以促后进者努力,但千万别过大了,过大就是不平等。为此,老子主张"损有余而补不足",韩非也这么主张,作为英明的主,要努力地去做"有余补不足"、"以长续短"的工作。

韩非子在《解老》、《喻老》及其他篇章中还议论了《老子》一书中其他的话,因为考虑篇幅问题,除了选取个别的,在下面设专题讨论外,其余恕我略去。

二 “以子之矛，陷子之盾”

“矛盾”这个词，鼎鼎有名，人人皆知。该词的出典就在《韩非子·难一》中。原话这么说：“楚人有鬻盾与矛者，誉之曰：‘吾盾之坚，莫能陷也。’又誉其矛曰：‘吾矛之利，于物无不陷也。’或曰：‘以子之矛，陷子之盾，何如？’其人弗能应也。”语意是，有一楚人在做卖矛与盾的生意。他宣传他的盾，说他的盾没有任何东西能够陷入它。他又宣传他的矛，说他的矛是没有任何东西不可被攻入。这时有人发问了，那就请你用你矛去攻你的盾，怎样？该楚人无言以对。

世界上攻无不陷的矛有没有？坚不可入的盾有没有？事实是不可能有的。现在就假定说有吧，但是在同一个人的手里两者兼有是绝对不可能的。那位卖矛与盾的楚商人是瞎吹。诚如韩非借“或曰”的口追问，该商人“弗能应也”。

一个人在判断某一事物中，对同一问题，是不可能做出截然相反的某个判断结论来的，即既是此，又是彼。若是这样，那你就犯错了，犯了逻辑学上的错，认识上矛盾律问题的错。

矛盾有两大鲜明特点：第一，构成矛盾的总是有两个或两个以上的元素而成的，单个元素不会出现矛盾。第二，这两个或两个以上元素所形成的矛盾，其元素与元素间是对立的，又是相互依存的，谁也不能脱离谁，有我必有你，有你必有我。用韩非子的话说，“一掌独怕，虽疾无声”（《韩非子·功名》）。

矛盾，引申之，就是问题。就是说，矛盾与问题同义。发生了矛盾就是发生了问题，有矛盾就是有问题。

矛盾是事物存在的普遍现象，基本现象。任何事物都含矛盾，不管是自然状态的事物，或是社会状态的事物；不管是物质形态的事物，或是意识形态的事物；不管是简单的运动形式，或是复杂的运动形式；不管是客观现象，或是主观现象。矛盾存在于事物发展的一切过程中，存在于事物发展过程中的一切始终。

矛盾是普遍的，绝对的，让我们说管理，在管理中也有矛盾，而且处处有矛盾，时时有矛盾。矛盾是管理之始，有矛盾就需要管理，就有管理的存在。拿办企业来说，办企业中会遇到很多问题，如办什么样企业、选址等，这些都需要通过管理予以解决。解决了，但矛盾不会由此结束，又会出现新矛盾，又需要通过管理予以解决，如此使企业办得越来越好。中国人民大学工业企业管理教研室的同志们对此还提出了一个叫"矛盾管理学"的学派观点呢，认为抓管理就要抓矛盾。

还要讲一个道理。孤立的人是没有的，孤立的事是有的。但是，孤立的事的背后有人，人是结群而存在的，所以人与人之间总会存在矛盾，我们要处理好这些矛盾关系。

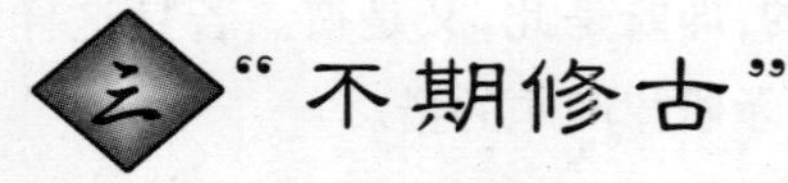

三 "不期修古"

韩非在《五蠹》中说："是以圣人不期修古，不法常可，论世之事，因为之备。"是说，圣人不能迷恋过去，不能去仿效所谓的永恒不变的原则，必须根据变化了的世事，做出相应的备份的变化办法来。

韩非这"不期修古，不法常可，论世之事，因为之备"的话，是句治世的经验之谈，被称之为治世的"十六字诀"。

这"十六字诀"，韩非是总结了历史事实而得出来的。韩非总结历史说，上古年代，民少兽多，人们饱受着野兽的侵袭，这时有圣人出来提倡构木为巢，用来躲避野兽的侵袭，人们敬仰这位圣人，封他为有巢氏；当时人们吃的是瓜果蚌蛤，腥臊恶臭伤身体，这时又有圣人出来提倡钻木取火，主张吃熟食，人们感谢这位圣人，封他为燧人氏。到了中古时代，天下闹大水，出现了鲧禹治水的事，使天下太平，人们敬仰他们。到了近古年代，有夏桀、商纣施暴，这时出现了商的汤伐桀，周的武伐纣，出现了盛世景象，人们拥护汤与武王。韩非在讲了上述的历史事实后说，假如，在夏那个年代，还有人去做构木为巢的事，去做钻木取火的事，必为夏后代的人嗤笑；在殷、周那个年代，假如还有人去做鲧、禹治水那样的事，也必为汤、武等人嗤笑。韩非就是在讲了上述历史故事，发表了上述议论后，讲了上述的"不期修古，不法常可，论世之事，因为之备"十六字诀的。

韩非的"十六字诀"有如下的可贵之处：

1. 说了一个非常重要的哲学观点：历史是唯物的。韩非的"十六字诀"是总结历史事实而得的。

2. 说了一个非常重要的道理：世上事物是变的。昨天是一个情况，今天又是一个情况，明天将会出现明天的情况。有巢氏、燧人氏时有他们所处时代的情况，鲧、禹有他们所处时代的情况，汤、武又有他们所处时代的情况。世上没有不变的事情。"变"是绝对的，不变是相对的。要说世上有不变的东西，那只有一个东西，就是"变"字，"变"的事实是永远不变的。关于"变"，在《韩非子》一书中，有多篇文字讲到这个问题，如在《南面》有这样的话："夫不变古者，袭乱之迹。"在《五蠹》一书中这样说："世异则事异……事异则备变。"

3. 说了一个十分重要的治世金言："十六字诀"。这是本题所讨论的主题思想。治世没有固定模式，没有陈规套套。要不期修古地治，就是说不要迷古，泥古；要不法常可地治。论世之事，要想出一个因变化了的情况而治的备份方案来。

4. 说了一个十分有名的寓言故事："守株待兔"。这个故事是韩非为了佐证他的"不期修古，不法常可"的见解而讲的。故事说，宋国有一农夫，在地里见到一只兔子撞桩而死，高兴之余，梦想还会有别的兔子来撞，于是他傻乎乎地守候在这个桩旁。他用这个寓言故事来论证他的"不期修古"、"不法常可"的观点，他这么说："今欲以先王之政，治当世之民，皆守株之类也。"

韩非的观点对。但也有一个思想可以推敲。有巢、燧人、鲧、禹、汤、武、尧、舜等古法不能长用，但不能说其精神不能长用。有巢、燧人、鲧、禹的为民立言精神，汤、武的为民治暴精神，尧、舜的亲民精神，这些是永远值得学习的。

韩非在《韩非子・五蠹》还讲了这样的话：“世异则事异……事异则备变。”是说，时代变了，社会情况就会跟着变化。社会情况变了，你对付它的办法也必须作相应地变。

“世异则事异”，“事异则备变”，这话讲得也极好。这是事物的发展规律，社会借此进步，世界借此发展。我们要主动地去迎接变，往新的方向变。这样了，事物有生机，有发展，有前途，有美好，“与时俱进”，“苟日新，日日新，又日新”。

关于“变”，古人还有这样的话：“天地不足畏，祖宗不足法，人言不足恤”。让我们不期修故地变，不法常可地变，世异则事异地变，“天地不足畏，祖宗不足法，人言不足恤”地变。

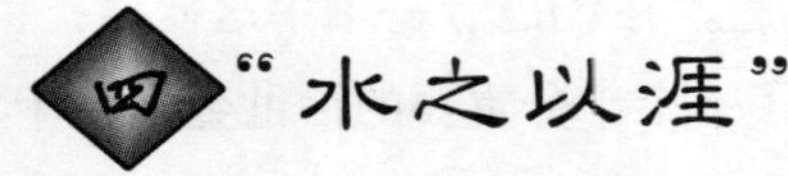

四 “水之以涯”

韩非说：“水之以涯，其无水者也；富之以涯，其富已足者也。人不能自止于足，而亡其富之涯乎！”（《说林下》）此话是说：水是有边界的，其边界就是没有水的地方；富贵也是有边界的，其边界就是他得了财富后感到满足时。人获取财富如果不能自止于满足，那么他的死亡就将成为他获取财富的边界。

上述见解甚好，让我议论这个见解。

“无涯”与“有涯”是一对矛盾，是一个普遍存在的问题。从哲学意义上说，“非常‘道’”是无限的，“道可道”是有限的；从天体意义上说，宇宙是无限的，地球是有限的；从天候说，岁月是无限的，四季是有限的；从人的认知情况说，认知是无限的，具体获知是有限的；从人类行为说，为人民服务是无限的，做具体善事是有限的；从管理角度说，搞好管理是无限的，做好某一项管理工作却是有限的。

韩非在本语录中说，“水”是无限的，它到处流，流东，流西，流到河里去，江里去，海中去，无边无际地流，但也是有限的，河边、江边、海边是它的涯。假如把水放在盆里，盆的大小就是它的涯。

韩非在本语录中又说，“富”是无涯的，在法律、道德允许的条件下，在勤劳的范围里，通过努力，你可以去获取很多很多的无限财富；但是这个财富也是有限的，其法律、道德、勤劳、努力就是它获取财富的边。偷、抢不行，坑蒙拐骗不行，杀人越货不行，取不义之财不行，这些就是获取财富的涯。

按韩非说法，在“富”的问题上，“满足”也是一种边界，说“人不能自止于足，而亡其富之涯乎！”这话讲得也很对。假如你为了获取财富，老是不感到满足，你就可能去搞为非作歹的事，比如偷、抢等，这样犯罪就会降临，于是，“满足”就成为你获取财富的边界。

关于这一点，韩非在《喻老》等文字里，借用老子的话告诫人们：“祸莫大于不知足”，“知足之为足矣”。

韩非讲上述的话，是在讲一则故事中讲的。故事是，齐桓公向其谋臣管仲讨教问题：“富有涯乎？”管仲讲了上述的话，就是说，我们在本题讨论中，一开头所引用的话是管仲说的。

从韩非借管仲的口说了“水”、“富”的涯、无涯问题。可以想到有两个方面的涯与无涯的事，自然状态的涯、无涯，社会状态的涯、无涯。

“水”属自然状态的涯、无涯问题，此外还有宇宙、岁月、天候等。“富”属社会状态的涯、无涯问题，此外还有为人民服务、行善、知识等。对自然状态的涯、无涯问题，我们力求多认知，向获无涯知作努力。对社会状态的涯、无涯问题，我们要通过自己的努力，多多地去获取有涯的值，如多获取财富，多获取知识，多为人民服务等。

最后，让我们说说管理，管理也有涯、无涯问题。搞好管理是没有止境的，做好某项管理工作则是有止境的。让我们把一项一项的具体管理工作做好，积小胜为大胜，力求逼近无涯，使之达到完美、卓越的管理境界。

五 "自见之为明"

韩非说:"知之难,不在见人,在自见。故曰:'自见之为明'。"这话是韩非读了《老子》三十三章的话后在《喻老》一文中说的。语意是,认识事物之难,不在于不认识别人,而在于不认识自己。所以老子说:"能认识自己的人是明察的人。"

现行通行本《老子》第三十三章上的话是这样的:"知人者智,自知者明。自胜者有力,胜人者强。"与韩非所引用的略有出入。

"知之难,不在见人,在自见。故曰:'自见之为明'。"让我议论这句话。

首先讨论"见人"。我说,"见人"不易,因为人是他人,他人的情况你怎么能全知呢?你可能知道他的衣食住行,人家还有隐私呢,你能知道他的心吗?他的私吗?不是有"知人知面不知心"的话吗?对此,老子说:"知人者智"。

现在我们讨论"在自见"。这是韩非全部话的主要内容之所在。"自"是认识他人、他事的主体,你不能正确认识自己,你怎能正确认识他人?他事?假如你真的做到了"自见"了,套用老子的话说,你就掌握了"自胜"的胜券,这样就可以做到"胜人"。

"在自见",但要真正做到它也不容易。实体的"自见",做到相对容易,比如我能知道我的体重有多重,身高有多高,能负重多重,能吃几碗饭等。虚体的"自见"要做到就很不容易了,比如,我有哪些优点,哪些缺点,优点有几勺,缺点有几勺。因为这个"自见"是自度,在你度量你的优缺点时,因为把握不好自己的"自",使自己认识失准。例如,可能你戴上有色眼镜了,错把主观当客观;可能你没有知识,误把谬误当正确;可能你自大了,错把他人的优点当缺点;可能你自卑了,误把自己优点当缺点;可能有私心,不敢正视自己的问题,不敢亮私,导致自己认识有错。

个人的"知",相对比较容易做到,如我重,我高。比较的"知"更难,你重你高你知道,与他人比真的重?真的高?其实,有这样的认知才有价值。《老子·二章》说得对:"长短相形,高下相倾",事情必须有比较。是这样了,才有可能真正的认知。

老子还有这样的话："知不知，尚矣；不知知，病矣。"（七十一章）这话是说，知道自己有所不知，是高明；不知道自己的不知，是病。这话告诉我们为人务必谦逊，这样使自己真正的"自见"聪明起来。

企业拟人化，企业也要讲"自见"，正确认识自己的长短高下，不盲目自大，不萎微谦下，实事求是地认识自己，谦诚地认识他人。

六 "以其不病，是以无病"

韩非写《喻老》。在该篇文字里，韩非引用了《老子·七十一章》上的话："圣人之不病也，因其不病，是以无病也。"语意是，圣人之所以不生病，是因为他们不以为自己有病，所以他们真的没有病。

韩非引的《老子·七十一章》的文字，与现在通行本上的文字不完全一样，现行本的文字是："圣人不病，以其病病。夫唯病病，是以不病。"是说，圣人所以不病，是因为他把这种病真的当做病，所以他就不病。

韩非认同老子这个观点，并用了两个例子作说明。

例一，越王勾践被吴王夫差打败，但勾践不以自己的败为败，甘心当夫差的奴隶，"十年生聚，十年教训"，卧薪尝胆，最后他打败了、杀了夫差。

例二，周文王被商纣羁押，尽遭商纣的百般侮辱，但他不以此病为病，忍辱负重，最后周武王生擒商纣并灭了商。

不病病，结果无病。从生理角度说，此观点成立。比如你得了重症，你却不畏惧它，以不病的姿态对待它，同时又积极治疗，其病是可以不病的，起码是可以缓解的。

不病病，结果无病。从心理角度说，此观点也成立。例如你心灵上受到了巨大创伤，假如你能以不病病的态度待之，泰然、坦然对待，你就可能生活得依然愉快如旧。

不病病，结果无病。从自然状态遭挫折作分析，此观点仍然有意义。例如，你家遭到了灾害侵袭，或得了病，或丧了亲，或其他，这是不幸的，是“病”。但假如你能正确对待这个“病”，振作起来，开朗起来，不以此“病”为“病”，这个“病”将会消解。

不病病，结果无病。从社会状态得“病”作分析，用此观点去化解矛盾，仍然有用。比如，你在竞争中失败了，或在事业上遭到了沉重的打折，你能以不病病的态度待之，不悲观、不懈怠，就可以收到奋起抗争，改变现状的效果。

由此，想到了两句有关“老”的两句话，“人老心不老，老亦不老”，“心老人不老，不老亦老”。觉得这话的语意、语境与老子、韩非子的话讲得极为相似。套用这两句关于老问题的用词方式，可以把老子、韩非子说的话改造成那样：“人病心不病，病亦不病”，“心病人不病，不病亦病”。或者，反过来，借用老子、韩非子的讲话方式，把上述关于“老”的话改造成：“圣人之不老也，因其不老，是以无老也。”

韩非在《喻老》中，在引用了上述关于越王勾践、周文王的两则故事后得出两个结论，一个是关于《老子·七十一章》上的话：“圣人之不病也，因其不病，是以无病也。”还有一个结论，也是属于老子讲的：“守柔曰强。”(《老子·五十二章》)

“守柔曰强”，在《老子》在一书中多有阐述，如“天下之至柔，驰骋天下之至坚”(四十三章)等。最著名的是在第三十六章上说的“柔弱胜刚强”，韩非引《老子》的话，就是在讲这句话的时候引的，是从讨论了越王勾践的胜、周文王、武王的胜所推导出来的结论，是说最初的越王、文王虽然弱小，但最终却战胜了刚强。

关于“守柔曰强”不是本题讨论的主题，而且这样的讨论，我已在本小书，在讨论“向老子学管理”那部分内容时第十二题“柔弱胜刚强”中讨论了，这里就请恕我不啰嗦。

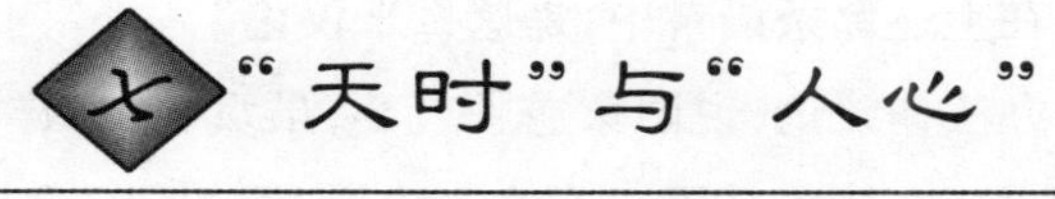

七 “天时”与“人心”

《韩非子》有一篇文字叫“南面”。“南面”者，古统治者实行坐北朝南的统治也，即“为政”即“统治”。

明君为政，要使之“立功成名”，靠什么？《韩非子·功名》中说，靠四点：“一曰天时，二曰人心，三曰技能，四曰势位。”本题重点讨论“天时”、“人心”，其余两“技能”、“势位”十分简略地说。

1.“天时”。天时地利，自然环境，客观因素。这是做好“南面”工作的一个重要因素。风调雨顺，外部条件好，天下就会太平，“南面”就会搞好。若是天荒地老，社会遭灾，外部条件不好，天下就会不安宁，“南面”就会成问题。韩非说，“天时”不好，你纵然有十个尧舜当政，这大地上也长不出半粒谷穗来，此说有一定道理。

但是，笔者认为，“天时”是外部条件之一，只是“南面”中的一个外部因素，还有其他因素，如主观因素，而且主观因素是主要的，外因是通过内因起作用的，主观努力了，可以化解外来因素所带来的问题，有灾可以减灾，变不利为有利。有些还可预防，防患于未然。

我国在2008年年初，南方不少省发生冰雪大灾；2008年5月12日，四川省汶川地区发生大地震，损失几千亿钱财，遇难与失踪同胞达九万多人，对我国经济建设很有影响，2010年，我国青海省玉树县又发生地震。但是在我国党中央的英明领导下，党、政府、人民、解放军共同努力，有世界各国人民的声援，众志成城，抗震救灾，取得了伟大的胜利，极大地减轻了灾害损失。

2.“人心”。人心，人民之心，向不向国家，向不向“君（指明君）”关系至大。社会、国家是由人集合而成的，“人心”向国了，向君了，“人心齐，泰山移”，国家就会治好，“南面”工作就会做好。

国是民之国，民是国之民。民的问题最根本的就是民心问题，民心有了，国家也就有了，民心失了，国家也就完了，这样的思想就叫“得人心得天下，失人心失天下”。

韩非在上述那条语录中,是这么来议论"人心"向背问题的重要性的。他用反证的办法作议论,说国家逆了人心,虽贲、育那样勇士也不能把自己的本事全部使出来。接着又用正论的办法说,假如得了人心,你不去鼓动贲、育那样勇士,他们的积极性也会发挥出来。

在《韩非子》一书中,韩非写了很多关于"得人心得天下"的故事。如《韩非子·外储说右上》一书中有这样一则故事:晋平公与齐景公在晋国一起饮酒,著名琴师师旷作陪。酒间,齐景公席间,席中,席后三次讨教师旷如何管理国家,师旷答:"惠民"。齐景公省悟了师旷话的分量,立即回到齐国开仓济民,开库济贫,让朝廷中未被亲幸过的宫女嫁出去,七十岁以上的老人分给他们禄米。如此两年,使原来与齐景公争民之宠的两位弟弟赶紧逃跑。

说现实,2008 年 5 月 12 日,我国四川省汶川地区发生 8 级地震,2010 年 4 月 11 日我国青海省玉树县发生 7.1 级地震,国家主席胡锦涛、总理温家宝以最快的速度赶到灾区,指挥抗震救灾,慰问受灾百姓。我们的政府是得"人心"的政府。

3."技能"。技能,技术本领,如治国的技能,治天下的技能,这是做好"南面"工作所必需的。做君的就要掌握治国的技能,治天下的技能。这些都是"术"的问题。关于"术"在《韩非子》一书中讲了很多。本书本篇,在讨论《韩非子》关于"术"的思想时也写了若干,见本书第十五题以后几则,请阅。

4."势位"。势位,是权的状态,是权力的象征体,有了"势位"你就有了执行权的资本。为此做君的必须掌握好、使用好"势位"。关于"势"的问题,在《韩非子》一书中也说了不少,在本篇第十八题也有所讨论,请读。

八 "治强者王"

《韩非子·饰邪》说:"乱弱者亡,人之性也;治强者王,古之道也。"是说,社会动乱,国家衰弱,国家亡,这是人间经验;社会安定,国家强大,则这个国家必定称王于世,这是历史告诉我们的道理。

自私有制以来,战事不断,成则为王,败则为寇。何以如此?根本之点,在于力之强弱。"力多则入朝,力寡则朝于人。"(《韩非子·显学》)有力王之,入朝;无力寇之,朝于人。所以韩非说"明君务力"(《韩非子·显学》)。

为政必须治强,务力,王天下,入朝;或亡天下,朝于人。关键是"治",是"力",是"武"。历史上,除尧、舜据说是通过禅让的办法登上领导宝座的外,有哪一国哪一代的统治者不是通过"治强","务力","武"而登基王位的,如春秋五霸,战国七雄,秦始皇等。

举外国的例。1851 年,法国前皇帝拿破仑从流放到最后成帝,有一媒体在报道拿破仑节节成功事实时,用的称谓就在不断变化:怪物,魔王,篡权者,陛下。所以有这样称谓变化,没有更多道理,原因只有一个,拿破仑治了强,有了力。

人们说,正义战胜邪恶,公理战胜谬误。这话无疑是正确的。但是这是从历史总的发展趋势来说的。从某个局部、某个时段说,谁实力强谁就占了便宜。尽管他是邪恶的,谬误的,黑暗的,反动的。例如,我国在晚清政府时代,那些帝国主义者们侵略我国,我国惨败就是例证。

韩非是位爱国主义者,十分爱他的母国韩国,多次要求韩国王图强,治强,务力,但不纳,结果韩亡。

韩非十分强调图强,治强,务力,而且提出了四个正确主张:一是"自恃",二是"内政之有",三是君臣合力治国,四是治国不失众。

1."自恃"。韩非说"恃人不足以广壤"(《韩非子·饰邪》)。强国、广壤靠自己,不看他人脸色,不仰仗他人鼻息。自强不息,把治强的命运牢牢地掌握在自己手里。

2.“内政之有”。韩非在《五蠹》中说，“治强不可责于外，内政之有也”。一心一意“严其境内之治”（《五蠹》），不媚求他人，做好自己工作。

3. 君臣合力治国。这是韩非在讨论“治国倚谁”问题时的观点，治国不仅仅靠君一人治，还要靠众大臣辅佐。

4. 治国不失众。韩非在《观行》中说：“虽有尧之智而无众人助，大功不立”，主张治国要靠众多百姓的助。

上述韩非的观点、主张，对今人仍然有很大启示价值。你思考到了这样一个问题没有？今天的我国何以如此说话铿锵有声，走路步印深深，根本的原因就在于我们“自恃”了，做了“内政之有”工作了，全国上下合力、一心一意谋发展了，尽心尽力谋进步了，我们治强了，我们有国力了，我国强大了，令世界刮目相看。

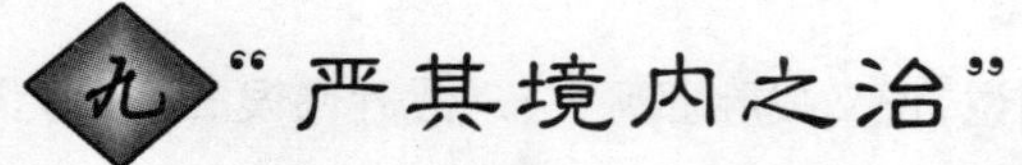

九 “严其境内之治”

上题，韩非说“治强”必须做好“内政”工作。本题继续讨论韩非这方面的见解。

先引用韩非三段语录。

1.“严其境内之治，明其法禁，必其赏罚，尽其地力以多其积，致其民死以坚其城守……此必不亡之术也。”（《五蠹》）语意是，严格搞好国内工作，彰明法律禁令，实行赏罚制度，充分利用地力，多多积累储备，促使民众誓死坚守城池的决心……这才是国家必定不会消亡的办法。

2.“明主坚内,故不外失。”(《安危》)语意是,英明的君主坚定地搞好国内的统治工作,所以他的政权不会丧失于朝廷外的人的手里。

3.“治强不可责外,内政之有也。”(《五蠹》)韩非在上述三则语录里,强调了做好内政工作的重要性,强调要“明其法禁”,“必其赏罚”,充分利用地利,充分积蓄储备,想尽办法提高人民的战斗积极性,誓死守卫国家阵地。强调作君主的要坚持做好内政工作,不使政权旁落他人。治强不可求助于外事工作,重要的是把国家的内政工作做好。

韩非在《用人》篇中的一则语录中还说了这样一段话。说做君主若不去积极做好墙的补漏工作,却去做墙的外饰工作,一旦暴风雨到来,其墙必然倒塌。说不去做消除火烧眉毛的事,却去静等孟贲等勇士的到来救助;不积极去消除内部萧墙之灾,却去遥远的边境处搞所谓的国防工作,所有这些做法,祸患无穷。这些话,韩非形象地告诫我们不要做表面文章的事,务必做好内政工作。

韩非的观点非常正确。为政必须强调做好“内”的工作,“内”是为政之本。“内”的工作搞好了,强大了,才有“外”的名,“外”的强。用韩非的话说,就是“上下亲,内功立,外名成”(《韩非子·用人》)。

“内”是一种“自”的工作。人很难控制他人,却可以控制自己。所谓自强,自立,自爱。自我奋斗了,自我就可能崛起,自我可能强大,从而赢得尊严,外名成。

如何做好“内”的工作呢?在我引述的上述三则语录中,韩非开出的方子有四帖:一是“明其法禁”;二是“必其赏罚”;三是“尽其地力以多其积”,搞好耕战,充分利用地力,多多地积聚物质储备;四是“不责外”,责于内政之有。

上述说的是治国为政的理。其实,为人做事何尝不是如此。为人做事的成与败,主要也是靠自己,自强不息,自我努力。我在最近看到一家媒体说,2007年12月16日,美国前总统卡特在中国政法大学做演讲,说到他个人的成长史,说一次在为选择某项工作进行面试时,他多多地说了他往昔业绩,他的主考官海军上将海曼黎柯夫厉声斥问:“你一直都在竭尽全力吗?”是这个斥问,促使他在前进路上努力不已,成为一名有出息的人。

十 “法者，王之本也”

韩非是位法学大师，关于法的问题，韩非讲了很多很精辟的话，首先讲了很多关于“法”的重要性的话，本题题语就是其中一句。

本题题语是在《韩非子·心度》中说的：“夫国之所以强者，政也；主之所以尊者，权也……故明君操权而上重，一政而国治。故法者，王之本也；刑者，爱之自也。”语意是：“国家所以强大，是因为君主所执行的政策是好的；君主之所以受人尊重，是因为他所使用的权是正确的……所以英明的君主掌握着权力受到老百姓尊重，专一地实行着法制使国家治。所以说，法律，是王治国之本；刑罚，是对人民爱的开始。”

韩非讲法的重要性，精辟句还有“治强生于法，弱乱生于阿”（《外储说右下》）；“以道为常，以法为本”（《饰邪》）；“故安国之法，若饥而食，寒而衣，不令而自然也”（《安危》）等。

“法者，王之本也。”“法”是因为“王”而产生的。法与国家联系在一起，与王联系在一起。国家、王为了实行有效管理因而才建立了法。法不是与史俱有的，原始社会中因为没有国家，没有王，所以也就没有法。那时是氏族社会，氏族社会的领袖通过组织等工作实行氏族管理。当时的社会要不要规范呢？要的，是根据人们的习惯进行规范，以此维系着简单的人际关系秩序。

法是这样“王”出来的：社会生产力发展了，出现了私有制，于是出现了阶级，出现了国家，出现了阶级的统治人，出现了“王”等。这些“王”们为了本阶级、本集团人的利益，对自己的国家实行管理，于是就建立军队，设置警察，设置监狱，即国家的暴力机构和国家的管理机构，即国家机器。同时，这些统治者们为了使自己的意志得以实现，设置了法，并使法的意志上升为国家意志，用法规范着国内人们的行为，执行法的鼓励之，赏之，不执行法的罚之，刑之。

法是私有制的产物。这个私有制不管其发展程度如何，或奴隶制，或封建制，或资本主义制，乃至社会主义制。其统治者不管是何等模样的人，如是“王”，是“君主”，是“皇”，是“总统”，是“首相”，是“国家主席”，是“元首”等，他们统统都需要法。

从以上分析可以看到，韩非所讲的“法者，王之本也”，其观点是正确的。诚如韩非言，王需要“政”，正确的“政”，需要“权”，正确的“权”。由是，“法”成为了“王”统治国家的“本”。

本语录中另一句话：“刑者，爱之自也”，也很重要。是说刑罚这个东西，是对老百姓的一种爱，有了这个“刑”，促使老百姓接受法，不犯法，它体现着爱，是爱的一种开始。其实“法者，王之本也”，“刑者，爱之自也”，这两句话是关联的，实行“法”，必然要实行“刑”；实行“刑”，必然需要“法”。

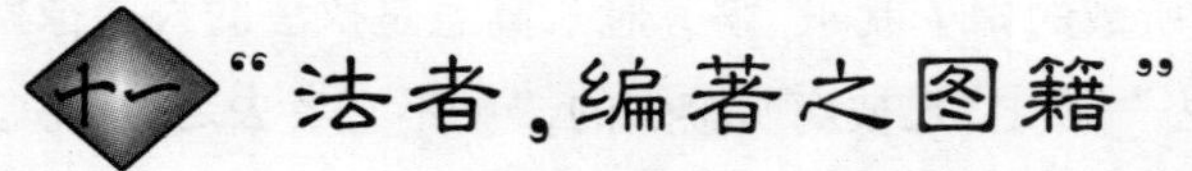

十一 “法者，编著之图籍”

法，很古很古就有，古时写作“灋”。

韩非在《难三》中说：“法者，编著之图籍，设之于官府，而布之于百姓者也。”这话讲了三个要点：(1)“法”是“编著之图籍”，即编著的文件。(2)“法”“设之于官府”，就是说它是由官府设立的。比如在我们国家里，在现代，“法”是由立法机构全国人民代表大会等设立的。(3)“法”是“布(公布)之于百姓”之中的。

韩非给“法”下的定义大体是正确的，但也有不尽全面处。说它是“编著之图籍”，基本正确，法绝大部分是成文的，但也有不成文的，称为习惯法，不过，这种法现在基本不见；说它是“设之于官府”，正确；说它是“布之于百姓”，不完全对，怎么是仅仅布之于百姓呢？对官难道不要布吗？对君难道不要布吗？不然，“法不阿贵”一说没有了，“法律面前人人平等”一说没有了，“王子犯罪与庶民同罪”一说没有了，这哪有法的平等性？公正性？权威性？

当然，假如把这个“民”理解为全民的“民”，包括“君”等则是正确的。然而，那时君、官、民是截然不同的三个身份等级的人，君是君，官是官，民是民，一点含糊也没有。

让我们解释古时的写法“灋”。“灋”，是个会意字，有三个组字部件组成：水、廌、去。“水”，具有平的特性，而“法”是最讲公平性的，与法的原意吻合。“廌”，是一种动物，古代指神兽，是能识别是与非、罪与非罪的神兽，被古书描述成“一角之羊”。关于“一角之羊”，《墨子·明鬼下》记载着这样一则故事：齐庄王有两个大臣，一叫王里国，一叫中里徼。这两人争讼罪责三年，是非不明。一起杀之，怕累及无辜；一起放之，又怕放纵了罪者。于是，齐君就让人牵来一只羊，让羊来判断这两人中谁是真正的罪者。羊听完了王里国的讼辞后没有反应，在听中里徼的辩说辞时未及一半，那只羊就跳了起来，用头角一角就把他顶倒在地，就这样，两人中谁是非罪的，谁是罪的，就被判别出来了。这里所说的羊，实际讲的就是古代所谓的“廌”。“廌”又被称作“獬豸”。古代的执法官所戴的帽子就叫“獬豸冠”，寓意是执法的人要像獬豸(廌)那样公正无私。“去”，去之，凡被廌所鉴别的，“触不直者去之”(《说文解字》中对“法”字的解)，说的也是关于法要公正的这个理。

关于“法”。韩非在《定法》中又说：“法者，宪令著于官府，刑罚必于民心，赏存乎慎法，而罚加乎奸令者也。”语意是，所谓法，法律法令由官府制定，刑罚思想在人民心里扎根，奖赏赐给谨慎遵守法律法令的人，刑罚加在违犯法律法令的人。

讨论了何谓“法”及关于“法”的定义后，我们可以对“法”说一点看法了，有如下几条：(1)法是编著之图籍。(2)著令于官府。(3)布之与众。(4)有奖有罚，赏，赏给遵守法令的人；罚，罚向违犯法规、法令的人。(5)法最具公正性、公平性、无私性。

十二 “治强生于法”

《韩非子·外储说右下》:“治强生于法,弱乱生于阿(徇私枉法)。”韩非在讲了“治强生于法,弱乱生于阿”的话后接着又说:为此,君主就应该实行信赏信罚工作,而不是对下属去实行什么仁义那种东西。还说,下臣们接受爵位和俸禄,是因为他们对国家立了功,是赏;下臣们接受君主的诛杀和刑责,是因为他们犯了罪,是罚。下臣们如果明白了上述道理,就应该为国家尽大忠,而不是对君主尽私忠。君主做到了不对下属施仁义,下臣们做到了对君不尽私忠,那么这个国家的统治者就可以王天下。

上述,韩非讲的都是关于法的重要性这个理。其中,有的话讲得好,有的话待榷。

有的话讲得好,如“治强生于法,弱乱生于阿”的话。此话说明实行法有重大意义。关于这,想到了汉武帝刘彻崇儒术的事,他确立治国的主导思想为儒学,但是即使如此,他为了治好国,同时也兼用其他学派的思想,如法的思想。他手下有名臣如桑弘羊、张汤,他们都是带有明显的法家思想倾向的人物,而不属儒家的人。汉武帝的朝廷表面上看实行的是儒术,但实际上却悄然地用着法家思想、制度来治国。这是汉武帝及其以后的统治者惯用的一种统治方略。

“治强生于法”,“法者,王之本也”,有众多事例可以作证。齐桓公用法家人物管仲为相则霸;魏文侯、武侯用法家人物吴起辅佐则霸;秦孝公用法家政治家商鞅使政大治;秦嬴政用法家人物李斯掌管国事则王。

有的观点待榷。待榷的是关于对“仁义”的看法。国家的统治者对老百姓还是要讲仁义的,仁者,爱人,义,讲道义。统治者爱人民,使人民得到爱的光泽,进而促使人人互爱,天下和谐,多好。为此,我们要问,爱人有什么错?造福于民有什么错?难道对人民凶狠就对,不体贴、不关怀、不管人民死活就对。讲道义,讲公德有什么错?天下有道义了,人人讲公德了,天下就会阳光灿烂,这有什么不好?

韩非有明显的反儒倾向，说儒学是“五蠹”之一，反“仁”，反“义”，我认为韩非这个思想是偏颇的。

韩非在讲了本语录的话后，讲了一则故事，用来说明他的论点。秦闹大灾荒，有大臣建议秦昭襄王，说五苑那个地方盛产蔬菜瓜果，把这里的蔬菜瓜果拿出来救济灾民。秦昭襄王说：我秦国的法律是，让有功的百姓受赏，让有罪的百姓接受惩罚。现在打开五苑大门把蔬菜瓜果发给灾民，就是等于对百姓中有功的、无功的统统给予救济了，这不符合我秦的政策。韩非借这个故事在提倡法，反对行仁义。我认为，在这个故事中，秦昭襄王的观点不对，天闹灾，救灾是第一位的，行仁政是主要的，不能让灾民统统饿死。即使认定你秦昭襄王讲得有理，对有功者赏，你也应该把灾民中对国家有过贡献的人找出来救济才对，怎么能让所有的人饿死。

十三 “以法治国”

《韩非子·有度》说：“以法治国，举措而已矣！”这句话十分有名，这是因为：一是它继承、重述了管仲《管子·明法》上所说的“以法治国，则举措而已”的话；二是“以法治国”，今被国人视为治国方略的一个词语，广泛出现于今人的政治生活中。

韩非这句“以法治国，举措而已矣”的话，观点正确，言简意赅，内涵丰富。

关于“以法治国”，在现实，在我国，其提法，文字已被作了适当更改，更改为“依法治国”。“依法治国”已被写入我党的党章、宪法中。这“依法治国”

的提法是与“以德治国”对应着说的，使之在治国问题上其方略运用得更全面、更准确、更恰当。

“以法治国”，现时被改称为“依法治国”有道理：其一，“以”的词义可理解为“依”，“以法治国”，“依法治国”互通；其二，“以”改为“依”，依据，“依法治国”，依据法律规定治国，理正词切；其三，前已说，在我国还有一个词叫“以德治国”。“以法治国”、“以德治国”，“以”字叠用，不好，显得没有文采，读起来也不好听，把“以法治国”改为“依法治国”就没有这个问题了，且读来也顺。

治国要用“法”，关于这个道理韩非在他的著作中讲了不少。关于“以德治国”这个词汇，在《韩非子》一书中却只字不提，而且还大骂“德”、“仁义”、“慈惠”的不是。

在《韩非子》一书里，骂“德”、“仁义”、“慈惠”那样的话很多，列举两则。

例一，一群小孩在玩过娃娃家的游戏，尘土当饭，泥巴当羹，吃得痛快。但这些孩子玩呀玩肚子真的饿了，于是他们各自回到家里去吃饭。对此，韩非发表议论了，说“仁义”等这些东西，如尘土当饭、泥巴当羹那样玩玩可以，在治国问题上，就不是货真价实的了，真正解决问题的还是要靠吃真的饭（见《外储说左上》）。

例二，一次，魏惠王问大臣卜皮：社会上对我的反应如何？卜答：人们说您慈惠。王说，那好啊！我得到众多人如此评价，我将会有很好的治国效果。卜说，不，您将会亡国。王不解地问：慈惠是善行，我有慈惠，为何反亡？卜说：慈就是不忍，惠就是好施。不忍就会宽恕有过失的人，该罚不罚；好施就会给没有功劳的人施赏，无功受赏，这样国家岂有不亡之理？（见《内储说上七术》）

韩非的观点太片面了。应该说，“德”对治理国家是有积极意义的。它从道德、伦理等角度规劝人向真、向善、向美。它同“法”也一样，也具有规范人们行为的功能，规范人们怎么做是对的，使人们有正确的社会公德，职业道德，家庭美德。如进行“五讲”（讲文明，讲礼貌，讲道德，讲秩序，讲卫生）教育；进行“四美”（语言美，行为美，心灵美，环境美）教育；进行“三热爱”（热爱祖国，热爱人民，热爱中国共产党）教育。对人民进行孝父母，敬师长，悌兄弟，爱朋友教育等。

“法”是重要的，“德”也是重要的。“法”，从“刚”的角度对人起约束作用，“德”，从“柔”的角度对人起教育、疏导、规劝作用，让你觉悟，走正确的路。

“法”不是万能的，有人就不怕你刑罚，甚至不怕死，吃软不吃硬，为此需要德教。“德”也不是万能的，有人视教育为耳边风，吃硬不吃软，为此需要刑罚。为此，我们做工作必须法德合用，宽猛相济，恩威并重，刚柔互施，以收到好的教育效果。

十四 “法如椎锻”

《韩非子·外储说右下》中有这样两段话：(1)“椎锻者，所以平不夷也；镑檠(qíng)者，所以矫不直也。圣人之为法也，所以平不夷、矫不直也。”是说，铁锥、砧是用来平整不平物件的；镑檠是用来矫正不直的物具的。圣人制定法律，目的也是为了平整不平、矫正不直。(2)“淖(nào)齿之用齐也，擢(zhuó)闵王之筋；李兑之用赵也，饿杀主父。此二君者，皆不能用其椎锻榜檠，故身死为戮而为天下笑。”是说：“淖齿在齐国得到任用，抽了齐闵王的筋；李兑在赵国得到任用，饿死了赵国的主父。这两个君主，都不会使用他们手里的铁锥、砧、镑檠，所以一个被抽筋而死，一个被活活饿死，使天下人笑。”

把法比喻成椎锻、镑檠有道理。棰锻的作用是施重力于物体，使不正变成正。镑檠的作用是施重于物体，让不直的变平直。法，棰锻、镑檠着不守法律的人，让不守法的人守法，使其不正为正，使其不直的为直。就是说，治理国家要用法来治理，如同用椎锻、镑檠那样来重重地椎锻、镑檠物体。

上面我所引录的《外储说右下》中两段韩非语录，是各自独立的，但却是紧挨着说的。两者有这样关系，前说理，后说例，用理引例，用例证理。两语录连起来,形成了一个完整概念:法是惩罚工具,不严,就会出问题,出灾祸。

执法要严,是韩非一贯思想。韩非认为法是专政的工具,属“椎锻”、“镑檠”那类的东西,用来治人,用来强国,用来“平不夷”,用来“矫不直”。法的属性就是铁,是山,执法如山,铁面无私,不是豆腐渣;是钢,公正刚直,不是烂糊泥,不搞调和,不行马虎。物不正,人不正,用“椎锻”,用“镑檠”敲你,椎你,使人、物正起来。

关于执法如山问题,韩非在《有度》中还使用了两个词:“峻法”、“严刑”。认为“峻法”,可以“禁过外私”(禁止过错排除营私),“严刑”,可以“逐令惩下”(通达命令,惩处下臣)。

关于执法如山问题,韩非还讲过多则故事以明其理。列举一则:故事见《内储说上七术》。一地方长官去石邑山视察。那里有高山、有深谷。山高削如壁,涧深不见底。为此他问左右乡人,有人来这里玩吗?有人掉入这谷中没有?有牛羊等掉入这涧中没有?所有答复皆为无。这位地方官感悟地说,我有办法治理这个地方了,假如我严格实行法治,如入这高山、深谷要死那样的严,人们必然不敢触犯法律,这社会还有不治一说吗?

执法如山,包含三个内容,一严,严正立法,严格执法,严明行法,严肃司法;二公,公平、公正、公开立法、司法,法不阿贵,绳不桡曲,刑不二制,王子犯罪与庶民同罪;三做好“二柄”工作,刑与德并用,赏与罚并用,信赏信罚,“发矢中的,赏罚当符”(《用人》),“疏贱必赏,近亲必诛”(《主道》)。

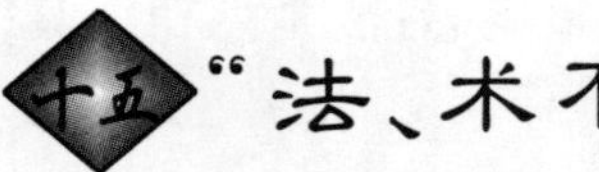

十五 “法、术不可一无”

韩非是集众法家思想的大成者，募集了商鞅等人的“法”的思想，集了申不害“术”的思想，集了慎到“势”的思想。

关于“术”，韩非在《定法》一文中有这么一段话，有人问公孙鞅（即商鞅，主张实行“法”）重要，还是慎到（主张实行“术”）重要，韩非借“应之曰”的口说：“法、术不可一无”，是说，治理国家，法要紧，不可无，术也要紧，也不可无。

那么，什么是“术”呢？韩非对“术”下了两个定义：一是“术者，因任而授官，循名而责实，操生杀之柄，课群臣之能者也”。这是韩非在《定法》一文中说的。是说，术是据能授官，据名给实，操生杀之权，察群臣之能。二是“术者，藏之于胸中，以偶众端，而潜御群臣者也”。这是韩非在《难三》一文中说的。“术”，是藏在君主的胸中，用来验证各种事情，暗中监控着群臣。

上述第一个定义，说的是“术”的职能问题。“术”有如下职能：“因任而授官”，用责任来任免官员；“循名而责实”，根据名分来究其实；“操生杀之柄”，掌握生杀大权；“课群臣之能”，考察群臣的才与能。上述第二个定义，实际说的是“术”的运用手法问题。是说，当君主的要用“藏之于胸中”阴的手法，用来（“以偶众端”）比较考核众多事端的是非曲直，从而达到（“而潜御群臣者也”）驾驭众大臣的目的。

上述第二个定义，关于用“术”的手法问题，对于这种做法我认为不好，负面性太强了，阴暗面太大了，在玩弄权术，也不全面。用术，为什么不能多一点正的统治，正的领导，正的考察，正的监督等正的做法呢！

综上所述，我们对“术”可以归纳出两个基本看法来。

1. 关于“术”的内容，大致有统治术，领导术，指挥术，驾驭术，行法术，观察术，监督术，用人术，赏罚术，听言术，刑名术等。

2. 关于用术的手法，有两种：一种是阳的方法，正的，明的，能见之于众的，如明的统治，明的领导，明的考察，明的监督等。另一种是阴的方法，负的，暗的，偷偷地，悄悄地，不见之于众的。

关于“术”，韩非似乎是比较倾向于用“藏之于胸中，以偶众端，而潜御群臣者也”那种做法。在韩非写的故事中就有这样的故事，例如，子之是燕国的相，一次他端坐着，煞有介事地对下属的人说：“什么东西跑出大门去了？是白马?”下属的人都说没有看见。这时，有人却跑了出来说：“有，我看到了，有一白马跑出去了。”子之用这种钓鱼式的方法，不太光明地来考察下面人的忠诚度。

作为君主，为了统治好国家，法必须讲，术也必须用。关于术，不能或不要搞“藏之于胸中”那套，“潜御群臣”那套，要用正面的手法，正大光明地实行统治、领导、驾驭、行法、考察、监督等。

十六 “统御”与“赏罚”

韩非说了很多“术”，现在我略说其中若干。

1. 统御术。

《韩非子·外储说右下》讲了一则故事：有一位叫造父的在田间耕作。有父子俩驾车路过，马忽然受惊不走，父子俩驱马、拉车，车纹丝不动。于是请造父帮，造父小施力气，驾车，扬鞭，车就跑了。韩非借这个故事发表他的观点：君主统御国家有术。韩非这么说：“故国者，君之车也；势者，君之马也。无术以御之，身虽劳，犹不免乱；有术以御之，身虽佚乐之地，又致帝王之功也。”此话是说，国，犹如君主的车；势，犹如君主的马。没有术去驭驭车，身子虽然十分劳累，国家仍然不免混乱；有了术，你就能驾驭车，身子舒逸，却能建立起国家的帝王之业。本句话的意思是说，治理国家是有术的，就是关于治理、统御国家之术。

统御国家是有术的。在《韩非子》一书中昭示我们的有：内持图强，发展耕战，管好臣属，实行法政等。

2. 赏罚术。

韩非在《用人》一文中说："古之善用人者，必循天顺人明赏罚。""循天"，遵循规律、规则。"顺人"，顺应人的德才特长、性情而用人。"明赏罚"，赏罚公正、合理。这句话的意思是，古善于用人的，必定能做到按照用人规则用人，根据被用者的德才、性情等情况而使用，彰明赏罚。韩非在这段话里讲的用人三原则：循天，顺人，明赏罚，甚好。"循天"了，按用人规则办就不会用错人；"顺人"了，就不会犯大材小用，或小材大用，或无德无才乱用等问题；"明赏罚"了，根据被用者的德、才等进行赏罚，该赏则赏，该罚则罚，做到是非明，正谬分。

关于赏罚问题，韩非在他的著作中写有很多好的议论，有不少是从法的角度去论述的。韩非总的观点是，认为实行法治就必须执行好赏罚政策。

《难一》中有这么一则故事：晋文公与楚人战。在战争前夕，晋文公召大臣舅犯商量作战对策，说敌众我寡，我该怎么战？舅犯说，讲礼的国家重视忠信，但在战争的情况下，是不嫌弃诈诡的，今与楚战，请用诈。后，晋文公又请来大臣雍季与之商量。雍季说，用诈对人虽然可以取胜一时，但不能常胜。在实战中，晋文公采纳了舅犯的主张，用谋、诈的办法打胜了楚人。战争结束后，晋文公给两位大臣行了赏，先赏雍季，后赏舅犯。对此其他众大臣不解：这个仗之胜，是采纳了舅犯的建议而胜的，应先奖励舅犯才对。晋文公解释，舅犯之策胜只胜一时，雍季之策胜却胜长远。

晋文公对这个赏处理得不对。作战，国家的死生之地，存亡之道，胜是主要的，这里无所谓忠信不忠信问题。你晋文公作战胜了楚人，是采纳了舅犯的意见后胜的。舅犯所建立的功大，理应大赏、先赏，但晋文公却先赏了雍季。假如说，你不纳舅犯之策却纳雍季之策，你吃了败仗，你结果又会怎样？

对上述事，韩非发表自己的看法了："战而胜，则国安而身定，兵强而威立……万世之利奚患不至？战而不胜，则国亡兵弱，身死命息，拔拂（免除）今日之死不及。安暇（哪有时间）待万世之利？待万世之利，在今日之胜；今日之胜，在诈于敌，诈敌，万世之利而已。”这是说，胜了，国才会安，身才会定，兵强大，威望立，万世之利至。若不胜，国亡，身死，还谈什么万世之利？今日之胜在诈，诈了，万世之利才会来。韩非不满意晋文公对这个问题的处理：“舅犯前有善言，后有战胜。故舅犯有二功而后论，雍季无一焉而先赏。‘文公之霸，不亦宜乎？’”韩非认为晋文公的赏是不知善赏之赏。

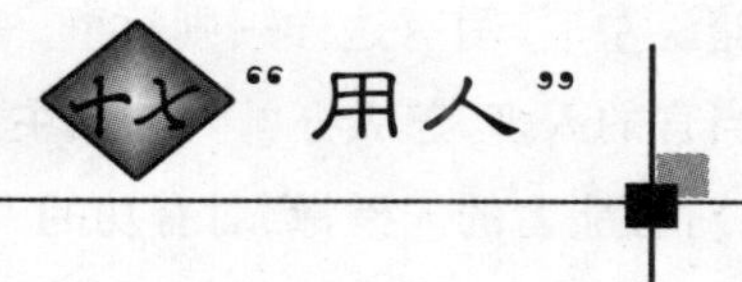

十七 “用人”

“用人”有“术”。

关于“用人”，在韩非著作中讲得很多。还专门地写了一篇叫《用人》的文字。韩非著作中告诉我们有关用人之术主要有如下几点：

1. 关于用人标准问题。韩非在《八奸》中说：“任人以事，存亡治乱之机也。”为此他在《人主》中主张“进贤才，劝有功”，“所举者必有贤，所用者必有能，贤能之士进”。在《说疑》中又说：“是（才能）在焉，从而举之；非在焉，孤儿罚之。”韩非在《八说》中还讲了一个十分重要的观点：用人要用有品德的人，用有才华的人。他这么说：君主用人要用能言善辩、有智谋的人，但是能言善辩、有智谋的不一定是诚实可信的；君主用人要用道德高尚的，但道德高尚的不一定就是有才华有智谋的。为此，韩非主张用人要用有德有智的人，德智双全的人。

2. 用人要用其能。韩非在《人主》中说：“所用者必有能。”在《用人》中又说：“将能予官以受职。”在《扬权》中说得更清楚：“夫物者有所宜，材者有所施,各处其宜”,是鸡就让它司夜,是猫就让它抓鼠,这就叫“用其能”。

3. 用人忌看长相。长相是外在之物,长相漂亮的不见得是人才,长相丑陋的不见得不是人才。韩非说:“以容取人乎,失之子羽(指澹台子羽,是位长相漂亮的人,但其才华与其貌不称)。”(《显学》)

4. 用人忌看表象。韩非说:“以言取人乎,失之宰予(人名)。”(《显学》)是说,宰予这个人善言辞,但与他处久了,发现其真实本事与其言辞是不相吻合的。

5. 用人据法。韩非在《有度》中说:“故明主使法择人那边自举也;使法量功,不自度也。”是说,用人要根据法为准则来用,不要闹主观,量功要根据法为准则来量,不要凭自己的好和恶。

6. 用人不能干买官卖官的事。韩非在《饰邪》中说:“释法禁而听请谒(yè,拜见),群臣卖官于上,取赏于下,是以利在私家而威在群臣。”《韩非子·外储说左下》写有这样一则故事,一次,齐桓公同管仲说,我们国家官位少,要求当官的人多,怎么办?管仲出主意说,你不要被你左右的人的请求而失去原则,对有能力的人授禄,对有功的人授官,若这样做了,就不会有人来索官了。

7. 用人务求公。韩非在《说疑》中说:“内举不避亲,外举不避仇”,秉公用人,秉贤用人。用自己亲人贤人,哪怕有人非议我,不用怕;用仇人贤人,也必须公而处之,不被私心干扰。有这样一则故事,晋平公同赵武说,中牟地位重要,我要用一个人去为中牟令,谁可胜任?赵答,邢伯子可以,晋平公说邢这个人不是你的仇人吗?赵答:“私仇不入公门。”晋平公又问,中府需要有一个人管,派谁去合适?赵答,我的儿子合适。韩非在讲了这则故事后说“外举不避仇,内举不避子”。(故事见《外储说左下》)

8. 用人必须讲民主,讲监督。《韩非子·外储说左下》中有故事说,齐桓公准备用管仲为仲父,他召集大臣们商量,看这样做行否?他对群臣说,同意管仲为相的站在门的左边,不同意的站在门的右边。这时却有一位叫东郭牙的却站在门的中间,他向齐桓公说,不能把所有治国之权交给管仲。齐桓公接受了这个意见,让隰朋管理了国家的内政工作,让管仲管理了国家的外事工作,并使他们俩互有监督。

十八 “势者，胜众之资也”

“势”是韩非“法”的思想体系中三个内容“法”、“术”、“势”中的一个内容。“势”本是慎到的思想，韩非把它汲纳到他的法的思想体系名下来了。

“法”、“术”、“势”三者的关系是这样的。统治者为了统治好国家需要法，以表述自己的意志；有了法，还需要术，如统治术，行法术等，让书面的法、语言上的法演化为事实上的法。有了法与术，更需要有势。统治者必须有实行法与术的权势、威势。没有这样的“势”，你怎么能当你的君？怎么能用好你的法？你的术？

“势”是统治者实行法治、术治的基础与凭借。有了“势”，你就有了权，就有了力，说一不二，生杀予夺，使“境内之民莫敢不臣”。是这样了，哪怕你是个弱智者，是个一无所知的毛孩子，对一切的一切，就可以颐指气使。

关于“势”，慎到在他的著作《慎子·威德》中说，腾蛇、飞龙所以能腾云驾雾，是因为有云雾，没有了云与雾，这蛇与龙如同蚯蚓一般，毫不稀罕。贤德者屈从于不肖之人，是因为贤者没有势。不肖的人能管制贤者，因为他有尊位，有权，有势。尧假如是个匹夫，就休想去指使邻家。假如你据有了“南面”的威势，你就可以爱令令之，爱禁禁之。

关于这，商鞅也讲过上述类似的话，说国之所以能治，靠三件宝：法、信、权。有了权，君就可以实行独断之政。

韩非继承了慎子、商鞅的思想。韩非说：马所以能负重致远，因为它有筋力；万乘之君之所以能制天下，是因为他有威势。“威势者，人主之筋力也。”(《人主》)还说，大臣得了势，做人主的就失去了力。人主失去了力还能保有国家的，“千无一人”。(《人主》)又说：“虎豹之所以能胜人，执百兽者，以其爪牙也，当使虎豹失其爪牙，则人必制之矣。今势重者，人主之爪牙也，君人而失其爪牙，虎豹之类也。”(《人主》)语意是，虎豹之所以能胜人，能制百兽，是因为它有爪牙。假如虎豹没有了爪牙，就必然被人制服。众多权势是人主的爪牙，人主假如没有了权势，他就会成为如同失去了爪牙的虎豹一般可怜。最后用两个事例说明他的观点：一是宋桓公把自己的爪牙给了臣子罕，导致宋桓公被子罕杀；又一是，齐简公把自己的爪牙给了臣田常，结果身死国亡。（《人主》）

上述韩非在《人主》上所说的话没有全讲完，最后还讲了一句带结论性的话："今无术之主皆明知宋、简之过也，而不悟其失，不察其事类者也。"是说，现在不知道治国之术的君主们，虽然他们能够知道宋桓公、齐简公的过错，但却不能知道自己的过错在哪里，这实在是同宋桓公、齐简公所犯的一模一样的过错啊！韩非在感叹，在告诫君主们，你们千万要小心"势"的被旁落，"权"的被旁落，那实在是太危险了。

韩非在《八经》中还讲了这样一段话："君执柄以处势，故令行禁止。柄者，杀生之制也；势者，胜众之资也。"韩非的话讲得明白，君主要掌握权柄，要拥有威势，所以他就可以做到令行禁止。所谓"柄"，就是生杀之制；所谓"势"，就是胜人之力之资本。

总之，君主治国一定要掌握"势"。没有"势"，你纵然有千百个好的"法"，千百个好的"术"，都一无所用，只能落得个如宋桓公、齐简公那样的可悲下场。

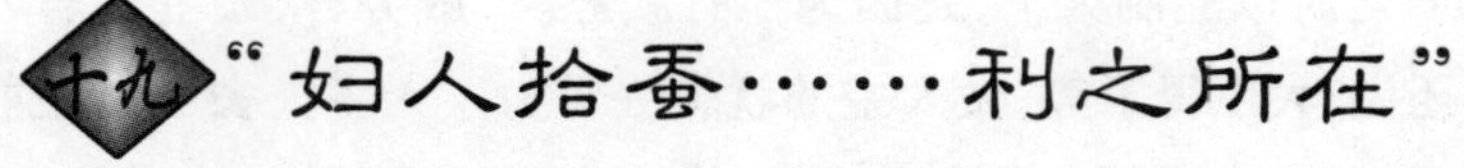

十九 "妇人拾蚕……利之所在"

韩非在《内储说上七术》上说，说鳝鱼像蛇，蚕像毛毛虫。说人见到蛇会惊呼，看到毛毛虫会毛发竖起。然而却有妇人却喜欢蚕，把它一一捡起来；打鱼的却能把鳝鱼紧紧地抓在手里。对此韩非发问,这是为什么?韩非答:"妇人拾蚕……利之所在。"因为有"利"的因素在起作用,所以有人就把那些可怕东西都不放在心上了。

"利",这里作钱财解。利是私有制社会条件下必然会出现的问题,不论它是处在何种私有制社会形态之下,奴隶制,封建制,资本主义制,或社会主义制。

"利"是这样产生的。在私有制社会下,需要商品生产与交换。因为有商品生产与交换,就需要有用来交换商品用的等价物,需要货币,需要钱财,"利"就这样随着私有制的产生而产生了。

在私有制的情况下,在私利的驱动下,人们想尽量多地获取钱财,用来购买、交换商品。由此,产生了这样的局面,私有制孕育私利,私利又催育、强化了私有制。

司马迁在《史记》中,写了一篇《货殖列传》的文字。"货殖","货"者,财货也,"殖"者,生殖也,货殖就是生殖财货的意思。该篇文字就是一篇讨论如何生殖财货的文字。文中鲜明地说:"天下熙熙,皆为利来;天下攘攘,皆为利往。"揭示了在私有制社会里人们熙熙而来,攘攘而往,"奔走江湖,希觅微利","五雀六燕,铢两相悉"。

"利","钱财",确实是个有用的东西。没有钱,人们的衣从何来,食从何来,住、行从何来。有故事说,2007 年,内罗毕国际马拉松比赛场上,肯尼亚山区的切默季尔的农妇跑出了 2 小时 39 分零 9 秒的成绩,得了冠军。在颁奖仪式上,有记者问:您是一个业余选手,年龄已经很大了,可您却战胜了众多职业高手,您是靠什么取得这么好的成绩?切默季尔竟然答了一句令世界震惊的话:因为我非常渴望那 7 000 英镑的冠军奖金。我是一个有四个孩子的母亲,募果我有了这笔钱,我的孩子们就可以上学,我就会成为一个合格的母亲。

"利",在企业生产经营活动中叫"利润"。企业是生产商品、销售商品的经济单位,自然要以追求利润为努力。当然,企业还有一个为社会服务的问题,不能做一切唯利是图的事,但求利是必然的,重要的。

"利"还是经济增长的天然因素。国家发展要靠 GDP 的增长,但 GDP 的增长又靠什么?就得靠"利"。有"利"的驱动,我国的生产活动就会发展起来，经营活动就会顺畅起来，经济效益就会高涨起来，GDP 就会增多起来，我们的社会就会进步，国家就会强盛。

关于上述道理，马克思还有过这样的一个教导："人们奋斗所争取的一切，都同他们的利益相关。"（中共中央马克思恩格斯列宁斯大林著作编译局编：《马克思恩格斯全集》第 1 卷，北京，人民出版社，1995）

但是，我在这里还想讲关于"利"的另一个观点，"利"的两面性问题。利有正面价值，但也有反面价值。这"利"、"钱"的求取，假如被膨化了，那么它就会成为一种勾引物，如"鱼饵"，异化成"孔方兄"，"阿堵物"，勾引你往钱眼里钻，往鱼饵上钻，诱你上钩，堵住你的正确前进方向，使你犯罪，使你毁灭，这是值得警惕的。

关于这，韩非在《备内》中说："医善吮人之伤，含人之血，非骨肉之亲也，利所加也。故舆人成舆，则欲人之富贵；匠人成棺，则欲人之夭死也。非舆人仁而匠人贼也。人不贵，则舆不售；人不死，则棺不买。情非憎人也，利在人之死也。"这是关于利扩大化的一个观点，因而是错误的。

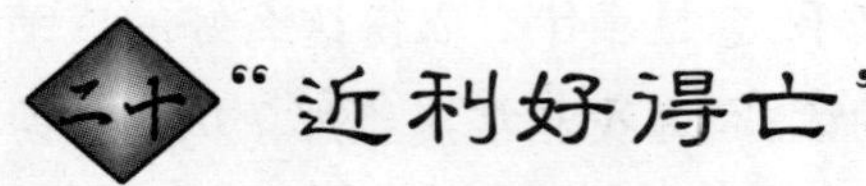

二十 "近利好得亡"

韩非在《亡征》中说："饕（tāo 贪婪）贪而无餍（yàn，满足），近利而好得者，可亡也。"是说，贪婪而不知满足，贪图近期利益好占小便宜的，将导致灭亡。这是一个正确的观点，它告诉我们，看问题要从长远角度、总体角度看，不要只顾眼前利益、局部角度，不然是会犯贪小失大的错误的。

然而，我却要说，韩非这个认识，在他的实际生活中，在其所言所行中，却做了不少与之相悖的事，做了急功近利的事，让我举例两则：

例一，墨子造木鸢（yuān）的故事（见《外储说左上》）。墨子制造木鹰，花三年时间制造成功了，但在天上只飞了一日就坠地。墨子弟子夸赞墨子手巧，使木鹰上了天。墨子却说自己笨，说自己的手艺不如造车中木輗（ni，车上一部件，连接车辕与车衡）的人。说造车輗的人用短小的木，不费一天工夫，就造成，能把很重的东西牵引起来，功效高，跑的路又多，使用的时间又长，而我造的木鹰所花的时间长，天上只待了一天就掉了下来。韩非在讲完这则故事后，没有发表任何见解，看来韩非认同墨子的话。

例二，客画竹荚（jiá，竹简）的故事（见《外储说左上》）。有位客人为周君画了一张竹简，画了三年才画成。周君看了这张竹简后，觉得和普通竹简一样，很生气。那画简的人说：请你筑一座高墙，在墙上凿一个大八尺的窗，在太阳出来的时候，再把竹简放在窗上去看，你会看到另一个模样。周君照办，此刻他所看到的竹简，龙凤鸟兽等显现出来了，周君十分高兴。故事演说者最后说，但是这个竹简的用途和普通的竹简完全相同。

我所引用的韩非所讲两则故事，说明韩非主张做事要讲实利、近利。这个观点是不对的。在韩非看来，制造木鹰，制造竹简所支付的劳动太多了，要远比其收到的实际效益大，是得不偿失的。在这里，韩非把对“功”的含义理解简单化了，狭隘化了，近期化了，是急功近利、目光短浅的观点。

拿制造木鹰这件事说，在现代，制造飞艇、飞船、飞机，乃至卫星不算稀奇的了，还能制造载人登月的卫星呢！如嫦娥一号、神舟七号等。但是墨子造木鹰却是发生在二三千年前的事，那木鹰是飞行器，制造这个东西十分不简单。墨子的行为是科学研究的行为，是发明创造的行为，若彻底成功后，其价值与造木輗比不知道大出多少倍。况且它已经上天了，在天上已盘旋了一天，最后虽然失败了，这有什么稀奇！科学研究嘛！今日的成功是由昨天的失败累积而来的，失败的正向发展就是成功。没有人去做这种失败事，何来今日的辉煌，应该充分肯定墨子的行为才对。

再拿画美丽竹简的事来说，画竹简是一种细致的工笔画，是一种艺术，是一种文化创造，怎么可以同一般的普通画等同而言呢？

说到“功”，强调所干的事收入要大于支出，这没有错。但是对收益要做辩证分析。有的要从经济意义上去评价，有的要从政治意义上去评价，有的要从文化意义上去评价，有的要从科研角度去评价。从政治上、文化上、科研上作评价，就不能只看一时的利，局部的利了，要长远看，全局看。就是从经济意义上去说，有不少时候，在不少情况下，做些牺牲一时利益的事，以图得到更大更多的长远利益，也是常有的事。

二十一 "入多出少可为也"

"功"，效率。韩非重视"功"。认为"功"有了，效率就有了，成果就有了，货殖也就有了，管理也就有了，事事有"功"了，国家的强大也就有了。

韩非在《南面》说："举事有道，计其入多，其出少者，可为也……凡功者，其入多，其出少，乃可谓功。"语意是：君主做事要掌握一个原则，要考虑做了这件事情后能得到多少收入，其所花费的又是多少，假如收入大于支出，这个事情就可以去做……什么是"功"？收入多，支出少，谓之"功"。

"功"是物理学、管理学中的一个重要概念。我原以为"功"以及与之相关的"效率"、"效益"等词，都是现代企业管理学中的词。今读了韩非的书及其关于"功"那些话后，使我大吃一惊，我错了，居然在两千多年前，在韩非的口中，能讲出如现代人那样的观点来，使我钦佩不已。

我写过多本把祖国优秀传统文化著作与企业管理嫁接的书，接触过多位思想家关于论述"取之"、"予之"那样的话，诸如：《周书》说："将欲败之，必固辅之。"《老子·三十六章》说："将欲取之，必固与之。"《孙子·势》说："予之，敌必取之。”管仲在《牧民》中说:“知予之为取者,政之宝也。”这里所说的“取之”、“予之”等与韩非所说的“入”、“出”等概念不完全相同。这些思想家所说的“予之”、“取之”等的话,说的是抗争策略问题,是为了取胜对方而为的。但是那些所谓“取之”的语意,实际就是“入”;那些所谓“予之”的语意,实际就是“出”。“予之”是为了“取之”,少予是为了多取,这样一些道理则是相通的。

什么是“功”?它原本是物理学中的一个概念,是说,外力作用于物体后,使物体移动其位,功的大小与作用力的大小和力的方向物体移位的距离有关,其乘积就是功。取其意用之,在经济学上讲功,就是要讲在做功中,要讲效率,讲效果,讲所用的力有多大,其收入有多少等。

取予关系,在投入与产出中会出现两个关系:数量上的多寡关系与比值上的正负关系。

取予的多寡关系,所表现的是量或多或少,或正或负,或盈或亏。理想的状态是尽量地让收入大于支出。当然也常有这样的情况,投入是多的,在一段时间里收入却是少的,这也并不是完全不好,因为它是策略,放长线钓大鱼的策略,今日虽亏,来日多取。

取予的比值关系,表现出来的百分值是正是负。产出是分子,投入是分母。其比值我们力求是正的,力求越大越好,如百分之百、几百等。

上述两个关系有因缘关系。若计算后其所得的绝对值是正的,那么按其计算其所得的比值关系必然也是正的。

韩非讲得对,做君主的在做事中应该力求做出大功来,正功来,千万别做蚀本买卖,更不要去做“惑主(韩非语言)”。“惑主”(糊涂的君主)的认识是这样的,“计其入,不计其出;出虽倍其入,不知其害,则是名得而实亡。”(《南面》)

让我们做事力求出大功,出正功。

二十二 典衣与典冠的故事

《韩非子·二柄》中讲了这么一则故事:一次,韩昭侯喝醉了酒睡着了。管理帽子的官员见到君主熟睡,怕君主受凉,在君主身上给盖了一件衣服。韩昭侯醒后十分高兴,问左右:"是谁给我盖的衣服?"左右答:"是管帽子的那个官员给盖的。"韩昭侯不满意这位官员处罚了他,同时还处罚了管理衣服的那位官员。韩昭侯所以处罚那位管衣服的,是因为他没有尽到应尽的管衣的责任;处罚那位管帽子的,是因为他越职做了本该他人做的工作。韩昭侯还认为,我不是不怕冷,睡着了不是不需要盖衣服。所以处罚他们,是因为他们各自失了职,其失职的危害要远远大于我所遭遇到的冷。

韩昭侯信奉法治。在公元前351年时,他任命法家人物申不害当韩国的相,实行政治改革,本故事证明了他实行法治的真诚性。

读本则故事,有两点启示:关于管理的分工与协作问题;关于如何履行管理职责问题。

1. 关于管理的分工与协作问题。人是群居的,群居就需要管理,任何社会形态概莫能外。为了取得管理效果,就需要分工,做任何管理工作概莫能外。分工是管理学中必有之义。分工要据需设岗,据岗设人,人司其职,各负其责,使管理工作有条不紊地、高效地进行。

讲分工必须讲协作,分工与协作是对孪生姐妹,有她必有我,有我必有她。举一个日常的、浅显的例子来说,家事管理中夫是主管外务方面事的,妻是主管内务方面事的,但必须经常商量,交换意见,协同工作,有时夫要帮助妻工作,有时妻要帮助夫工作,把整个家务事管好。

分工必须科学合理。从本故事所言看,韩昭侯实行分工政策没有错,但其分工安排是否有点过细、过于烦琐。典衣典冠工作量都不大,何不设定一人管之,这样,既不影响君的衣的工作,冠的工作,又节省了人力,同时也免去两人工作中可能出现的矛盾之患。

2. 关于如何履行管理职责问题。从本故事看,韩昭侯处罚冠典、典衣的都有道理。因为他们违反了分工政策中最基本的原则:“据需设岗,据岗设人,人司其职,各负其责”中的“人司其职,各负其责”这个原则,一个人做事越了职,一个人做事不称职。但是我却要说,那位典冠的,虽然多管了闲事,管了本该他人做的事,但其出发点是为了爱护韩昭侯,防其受凉生病,是补台之举,是正确之举,从这个角度说,是应该肯定的,同时它还含有做好协作工作的品德。韩昭侯是否应该这样处理才对,先给予典冠的一定的表扬与奖励,表扬、奖励对我韩昭侯的爱,然后再对他作适当的处罚,处罚他做了本来不该他做的事;同时处罚典衣的。

读本故事使我想到了另一则故事。某公司一位经理准备出差某地,飞机票也已买好。此刻,该经理的秘书在该经理出差前一天的工作值班中,做了一个梦,梦见了该经理所坐的飞机出事,机毁人亡。该秘书把梦中所见的告诉了经理。经理为了避免晦气,防备万一,退掉了飞机票。事实是飞机真的出了事。该经理在称幸自己捡回来了一条生命的同时,对该秘书做出了两项处理意见:给秘书一定的奖励,表彰他救了经理的命;又给予一定的处罚,处罚他在值班中失职睡觉做梦。我觉得,本故事那经理对其秘书的处理要比韩昭侯处罚典冠做得高明。

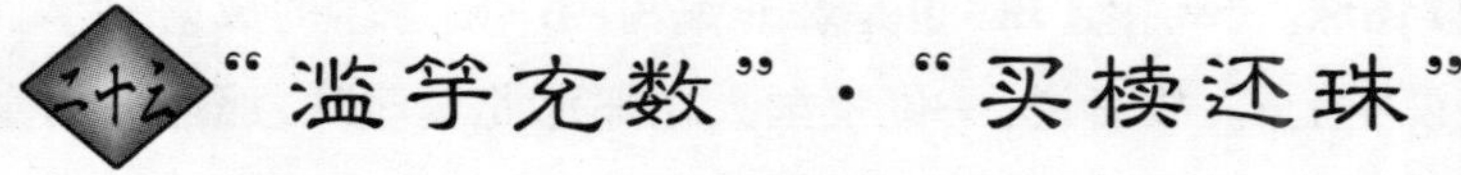

二十三 “滥竽充数”·“买椟还珠”

“滥竽充数”成语,妇幼皆知。这是从韩非编写的一则故事里推导出来的,故事被写在《内储说上七术》上。

1. 滥竽充数。“滥竽充数”的故事是这样的：齐宣王要听人吹竽，请三百人合吹。不会吹竽的南郭先生跑来凑数，宣王不懂底细很高兴，并发给这位南郭与其他吹手等同的薪俸。宣王死，湣王继位，湣王要吹竽者一个一个地吹奏给他听。南郭先生怕暴露自己不会吹竽，乖乖地、偷偷地溜之乎也。

这是在讲如何正确用人的故事。这个故事告诉我们用人要用真才实学的人，不要用如南郭那样的冒牌货。齐宣王用南郭的错误起码有二：其一，没有审查就让南郭混入三百吹竽手的队伍中；其二，让南郭冒充吹手一混多年直至齐宣王死，期中始终没有任何考核。假如进一步追问，在这么长的时间中，难道没有人告发其中的假吗？有人还这么说，齐国当时出现“滥竽充数”那样的事，根子在于齐宣王所实行的管理制度有问题，平均主义起了坏作用，用人不考核，不能做到按能付酬。

在这个故事中，该责备的当然是南郭，当了骗子，当了懒虫，当了没有品行修养的人。但是，那齐宣王也大有问题，是他不辨是非的，是他纵容南郭的。从这个道理说，该重打屁股的是齐宣王。

上面说的是用人中的“滥竽充数”问题，生产经营中也要防止“滥竽充数”。例如，假如你是机械厂，在生产中，选用材料时，就要防止滥钢充数，滥铁充数。假如你是食品厂，你在投料时，不要滥薯充数，滥糖充数。更要防止“恶竽充数”，“假冒伪劣充数”。2001 年，著名的百年老企业南京冠生园食品公司，用过了时的月饼陈馅，作“滥竽充数”之举，用来生产新糕点，这个丑闻被曝光后，各零售店纷纷将其商品下架，退货。就这样地，一家好端端的老字号企业走向倒闭，真可谓滥竽充数的祸莫大焉！2008 年，我国还出现“毒奶粉”事件：三鹿婴幼儿奶粉生产公司用三聚氰胺“滥毒充数”做原料，生产了有毒奶粉，造成众多幼儿死亡。

2. 买椟还珠。“买椟还珠”也是韩非编写的一则著名的成语故事。故事见于《外储说左上》。故事说：一位楚国人在郑那儿卖珍珠，那珍珠用盒子装着。盒子很漂亮，用高贵的木兰树做成，用肉桂花椒熏制，用珠玉作点缀，再用玫瑰作饰物，又用翡翠镶边。有位郑国人十分喜欢这个漂亮的盒子，于是买下了这颗珍珠，在获得了这只盒子后，该人把这颗珍珠退还给了卖珠的楚人。

这则故事是田鸠与楚王在一次对话中说的。田鸠同楚王说，说做事情要抓主要的，不要偏爱末节，并用这个故事作为例子用来说明他的观点。

这则故事启示我们，治理国家，做管理工作要做实质性工作，抓主要矛盾，抓矛盾的主要方面。牛鼻子抓住了，牛就会乖乖地跟你走。若不然，你纵然拉断牛尾巴，花九牛二虎之力，牛依然会纹丝不动。

"买椟还珠"的事就其本身言是个商业行为，说明这样一个理，包装重要，好的包装能诱人购买，生产经营要重视做好包装工作。

二十四 "狗猛酒不售"

韩非在《外储说右上》上发表了他的一个政事观，主张君主为政要防狗，防猛狗、恶狗，说"治国最奚患"的就是狗。他用了"狗猛酒不售"的故事作论证，论得有理、有力。

韩非所讲的"狗猛酒不售"故事是这样的：有一位宋国人开了一家小酒铺。他卖酒计量公平，待客殷勤服务好，酿造的酒甜美，酒旗高高挂起。但是其销售情况不好，甜酒卖出去的却是酸的。为什么会出现这个情况？一位德高望重的老者说；这个店的守门狗太凶，人们害怕它，有小孩来买酒狗还咬他，这样，酒就没有人来买，酒也因此发酸。

宋国人开店售酒，这叫坐商，古人称之为"贾"，请顾客进店内买。如何做好坐商生意学问多多，本故事讲了四点：一要有高质量的商品，这是最为主要的，因为人家来这里主要是冲着你商品来的，你商品质量好，自然地顾客会纷至沓来，如本例说的"为酒甚美"；二是计量公平，如本例所言，"升概甚平"，你做生意，货真价实，不缺斤短两，老少无欺，顾客必盈门；三是待客殷勤，服务周到，春风拂人暖烘烘，如本例言，“遇客甚谨”，顾客众；四是广告工作要做好，如本例说“县帜甚高著”，酒旗高高挑起，让众多顾客知道这里有个“杏花村”，招得蜂蝶来。

其实做好坐商生意的学问远不止这四条，还有很多很多，比如商店选址要得当，要选在通衢大道显眼处；店堂布置要艺术化；商店要整理得干净卫生等。其中尤为重要的是价格，价格要低廉，要公道，让购者感到我买到了便宜货，货是真的，价是实的。

现在说说狗的问题。狗，不能笼统地说狗不好。狗是有用途的，如有护家功用，义主功用，狩猎功用，宠人功用，侦察功用，缉拿功用，导盲功用等。但狗的负面性不能不予以严肃注意，如它吓人，会咬人，甚至成为恶狗，凶狗，猛狗，如本故事中所说的狗。

本故事中所出现的狗，从酒店角度讲，虽然它起着护店的作用。但它凶，它猛，吓人，咬人，尽管你这个酒店酒不错，服务不错等，顾客却不敢来，结果酒不售，酒成酸酒，其负面作用远大于正面作用。

今天，在城市里的酒店中，商店中，是再没有听说有人养狗的了，而且还会在商店的门前贴上这样的字条：“谢绝宠物入内”。至于在今天农村中，酒店也好，商店也好，恐怕也不会有人养狗了。

开店做生意是有学问的。其中之一是招客，要想尽办法请客上门。这宋人开的酒店里养着狗，吓唬人，违反了开店的一个最基本准则——招客，这样，该店焉能不出现酒不售的情况。

二十五 学怒蛙鼓气

韩非善创作故事。在《韩非子》一书里讲了三百多则故事,有的还十分有名,如“自相矛盾”、“滥竽充数”、“守株待兔”、“三人成虎”、“买椟还珠”、“老马识途”、“一鸣惊人”、“有眼不识荆山玉”等。韩非所创作的故事,是为给他所讲的观点服务的,是用来证明他的观点的。

本题我再引用韩非子的一则故事“学习怒蛙”:越王勾践想讨伐吴国,但他不知道国内的人会不会为他效忠。一次,他外出见一蛙作鼓腹状发怒着,对此他低头依附在他的车子上的横档默默地向怒蛙致敬。勾践随从不解:“您为什么对怒蛙表示如此敬意呢?”勾践答:“因为它能怒,能鼓气。”第二年,百姓中就有十多人来勾践处,要求为越国的事业献出头颅。对此,韩非发表议论了,说勾践赞誉怒蛙,就是在鼓励人们为越国的事业做牺牲。(故事见《内储说上七术》)

读本故事有很多启示:勾践不愧为春秋五霸之一,他虽败于吴夫差,但不服输,卧薪尝胆,忍辱负重,“身执干戈为吴王洗马(当马前卒)”,终报国仇。他领导民众有方,如本故事言,用怒蛙形态来激励民众,使民众奋起。

在我这篇文字里想讲一讲有关“怒”方面的问题。

“怒”重要。怒会产生力量。《孙子兵法·作战》说:“杀敌者,怒也。”怒,可以餐胡虏肉,可以饮匈奴血。怒发冲冠,壮怀激烈。当然,我们这里所说的“怒”,是理智的“怒”,是经过“冷处理”了的“怒”,而不是盲目的“怒”,莽撞的“怒”,失去理智的“怒”。

正义的怒是气。我们要鼓正义之气,鼓自强不息之气,鼓奋发图强之气,鼓昂然正气之气。

人的生命是有两股气组成的:物质之气与精神之气。

物质之气是维持生命的,决定着人的生命长度,宽度。有气才有生命,要是人咽了气,断了气,这个人就呜呼哀哉,其寿命长度由此终止。

精神之气是支撑人的精神生命的,它决定着该人的生命厚度,高度。是做一个有意义的人呢,还是做一个酒囊饭袋的人？是做一个道德高尚的人呢,还是做一个有悖人性的人？是做一个有益于人民的人呢,还是做一个对人民有害的人？

精神之气比物质之气重要,因为这个气决定着人的生命质量。决定着这个人是永远长命的呢,还是只具有一个自然年龄而已。有的人死了,但他还活着,有的人活着,但却死了。

人总是要有点气的,我们说学习怒蛙,就是学怒蛙有气。

人总是要有点精神之气的。人要自强,学习时刻苦学习,使自己在学习生活中学有所成;工作时,积极工作,使自己在工作生活中业有所就。

让我们有志、有气吧！立志、鼓气,做一个雷锋式的人,成为如钱学森、袁隆平那样的人,为国家作贡献。

后 记

《向“四子”学管理》，写就。

《向“四子”学管理》的“四子”，老子、孔子、孙子、韩非子。这“四子”中的前三子，老子、孔子、孙子，其前三子的三子不遗；后一子，韩非子，继承了前人的思想。四子后，后人传承。四子今，我们续写其思想辉煌，挖掘其矿藏财富，鉴古说今，古为今用，愿“四子”之思想为祖国建设作贡献。

我写过有关老子、孔子、孙子、韩非子管理学方面的书，是书可以说是精华之荟萃，五字蔽之——简、洁、精、深、新。

《向“四子”学管理》是杯清茶，请读者细细品评，清香与否？爽口与否？敬请赐正。

杨先举

北京世纪城时雨园孜孜斋

2010 年 7 月